격몽요결

擊蒙要訣

격몽요결 擊蒙要訣

발행일
2003년 3월 10일   초판 1쇄
2022년 6월 20일   초판 35쇄
2022년 11월 20일   개정판 1쇄
2024년 8월 20일   개정판 3쇄

지은이 이이
옮긴이 이민수
펴낸이 정무영, 정상준
펴낸곳 (주)을유문화사

창립일 1945년 12월 1일
주소 서울시 마포구 서교동 469-48
전화 02-733-8153
팩스 02-732-9154
홈페이지 www.eulyoo.co.kr

ISBN 978-89-324-7480-9 03190

격몽요결

擊蒙要訣

율곡 선생의 인생 가르침

이이 지음 이민수 옮김

해제

1. 율곡 이이는 누구인가?

이 책의 저자 율곡 이이는 여기서 역자가 다시 소개할 필요조차 없을 만큼 유명한 조선 명종에서 선조 때의 대학자요 대정치가였다. 그러나 그는 철학자나 정치가·경제학자·교육자 등 어느 한 부문에만 치우친 사람이 아니었다. 그는 철학·정치·경제 및 교육을 한데 통틀어 화합시킨 대사상가였다.

율곡 선생은 1536년(중종 31년)에 강릉 오죽헌 몽룡실에서 어머니 신사임당이 용꿈을 꾸고서 탄생했다. 아명은 현룡(見龍)이고 3세 때 말과 글을 배웠으며, 7세 때는 『진복창전(陳復昌傳)』을 썼고, 8세 때는 「화석정시(花石亭詩)」를 지었으며, 10세 때 경포대에 올라 장문의 「경포대부(鏡浦臺賦)」를 쓴 신동으로 세상 사람들을 경탄시켰다.

16세 때 모친상을 당하여 비탄한 나머지 3년간 사임당 무덤 앞에서 시묘한 후 봉은사에 입산, 불서(佛書)를 탐독한 후 뜻한 바 있어 다시 금강산에서 수도하여 1년 만에 불교 철학에 통달했다.

13세 때 진사 초시에 장원급제한 것을 비롯하여 아홉 번이나 대소 과거에 장원급제하여 구도장원공(九度壯元公)으로 유명했다. 29세 때 호조좌랑을 초임으로 매년 승진하여 승지, 부제학, 사조판서(이·호·병·형조판서)를 두루 역임했다.

서원향약과 해주향약 등을 만들기도 하였으며, 당쟁의 조정, 10만 대군 양성과 대동법(여러 가지 공물을 쌀로 통일하여 바치게 한 납세 제도)·사창제(민간에서 곡식을 저장해 두고 백성들에게 대여해 주던 제도) 등을 건의하여 사회 정책에도 이바지하였다. 태극설(太極說)·이기설(理氣說)·사단칠정설(四端七情說) 등의 학설을 펼쳤던 율곡은 그 바탕에 경세제민(經世濟民)의 대정치관을 가졌던 선각자였다.

2. 율곡은 왜 『격몽요결』을 지었는가?

『격몽요결(擊蒙要訣)』은 율곡이 선조 10년(42세), 즉 1577년에 해주에서 쓴 책으로, '격몽'은 몽매한 자들을 교육한다는 의미이고 '요결'은 그 일의 중요한 비결이란 뜻이다.

율곡은 이 책의 서문에서 『격몽요결』의 집필 동기를 이렇게 밝히고 있다. "내가 바다 남쪽에 집을 정하고 살려니 학도 한두 사람이 와서 나에게 배우기를 청했다. 이에 나는 그들의 스승이 되지 못할 것을 부끄럽게 여기는 한편, 또 처음 배우는 사람들이 아무런 향방도 알지 못할 뿐 아니라 더욱이 확고한 뜻이 없이 그저 아무렇게나 이것저것 묻고 보면 서로 아무런 도움도 되지 못하고 도리어 남들의 조롱만 받을까 두렵게 생각되었다. 이에 간략히 책 한 권을 써서 여기에 자기 마음을 세우는 것, 몸소 실천할 일, 부모 섬기는 법, 남을 대하는 방법 등을 대략 적고 이것을 『격몽요결』이라고 이름했다. 학도들에게는 이것을 보여 마음을 씻고 뜻을 세워 마땅히 날로 공부하도록 하고자 하며, 또 나 역시도 오랫동안 우물쭈물하던 병을 스스로 경계하고 반성하고자 한다."

따라서 이 책의 목적은 학문을 시작하는 사람들에게 뜻을 세우고 몸을 삼가며 부모를 모시고 남을 대하는 방법을 가르쳐 바로 마음을 닦고 도를 향하는 기초를 세우도록 노력하게 만든다는 데 있다. 또한 성리학을 바탕으로 한 사림파가 정권을 잡고 국정 전반에 본격적으로 나서던 시기에 학문을 통해 사림파의 이념을 사회 저변에 확산하기 위한 근본적인 노력의 일환이었다고도 할 수 있다. 1635년 이이를 문묘에 종사할 것을 건의한 유생들이 이 책을 『성학집요』와 함께 그의 대표적인 저술로 꼽고

학자 일반의 일상생활에 극히 절실한 책이라고 높인 것은 위와 같은 까닭에서였다.

3. 『격몽요결』은 어떤 책인가?

이 책은 모두 38권으로 구성된 『율곡전서』의 27권에 들어 있다. 이 책은 입지(立志)·혁구습(革舊習)·지신(持身)·독서(讀書)·사친 (事親)·상제(喪制)·제례(祭禮)·거가(居家)·접인(接人)·처세(處世) 등 모두 열 장으로 구성되어 있다. 그 내용이 보여 주듯이 이 글은 당시의 유학 입문서라고도 할 수 있는 수양서인 까닭에 적어도 유학을 공부하는 사람은 반드시 읽어야 했던 필독서다.

각 장의 내용을 간단히 살펴보면 다음과 같다.

「입지장」에서는 학문하는 모든 사람이 뜻을 세우고 성인(聖 人)이 되기를 목표로 하여 물러서지 말고 나아가라고 하였다. 「혁구습장」에서는 학문 성취를 향해 용감히 나아가기 위해 떨쳐 버려야 할 것에 대하여 말하였다. 「지신장」에서는 몸을 지키는 방도를 제시하여 뜻을 어지럽히지 말고 학문의 기초를 마련하도 록 하였다. 「독서장」에서는 책을 읽는 방법을 가르치고 독서의 순서를 제시하였다. 「사친장」에서는 부모를 섬기는 방법을 제 시하였다. 「상제장」과 「제례장」에서는 주희의 『가례』에 따라 상 제와 제례를 할 것을 강조하고 반드시 사당을 갖추라고 하였다.

「거가장」에서는 부부간의 예를 비롯하여 집안을 다스리고 가산을 관리하는 방법을 말하였다. 「접인장」에서는 사회생활을 하는 데 필요한 기본적인 교양을, 「처세장(處世章)」에서는 과거를 거쳐 벼슬 생활을 하는 데 필요한 자세를 싣고 있다.

부록 「제의초(祭儀抄)」에서는 출입의(出入儀), 참례의(參禮儀), 천헌의(薦獻儀), 고사의(告事儀), 시제의(時祭儀), 기제의(忌祭儀), 묘제의(墓祭儀), 상복중행제의(喪服中行祭儀) 등 각종 제례의 내용을 다루고 있다.

이 책은 전편에 걸쳐 강조하고 있는 권선징악이나 효에 대한 강목이 어느 책보다도 강하다고 할 수 있다. 뜻을 세우라[立志]든지, 글을 읽으라[讀書]든지, 부모를 잘 섬기라[事親]든지 하는 내용은 개인주의적 성향의 현대인에게는 자칫 딱딱해 보일 수도 있다. 따라서 역자는 번역할 때 먼저 역문과 원문을 앞에 쓰고 그다음에 장마다 해설을 붙였다. 이 해설에는 본문과 관련되는 여러 가지 글을 인용해서 조금이라도 독자들이 흥미를 가지고 볼 수 있도록 했다. 삼가 독자 여러분의 질정을 바란다.

인수산장(因樹山莊)에서
이민수 씀

차례

해제   5

격몽요결(擊蒙要訣)

서문(序) ·· 13

1. 입지장(立志章) ·· 17

2. 혁구습장(革舊習章) ·· 35

3. 지신장(持身章) ·· 49

4. 독서장(讀書章) ·· 73

5. 사친장(事親章) ·· 93

6. 상제장(喪制章) ·· 111

7. 제례장(祭禮章) ·· 135

8. 거가장(居家章) ·· 151

9. 접인장(接人章) ·· 173

10. 처세장(處世章) ·· 193

부록 제의초(祭儀抄)

출입의(出入儀) ⋯⋯⋯⋯⋯⋯⋯⋯⋯⋯⋯⋯⋯⋯⋯⋯⋯⋯⋯⋯⋯⋯⋯⋯⋯⋯ **221**

참례의(參禮儀) ⋯⋯⋯⋯⋯⋯⋯⋯⋯⋯⋯⋯⋯⋯⋯⋯⋯⋯⋯⋯⋯⋯⋯⋯⋯⋯ **223**

천헌의(薦獻儀) ⋯⋯⋯⋯⋯⋯⋯⋯⋯⋯⋯⋯⋯⋯⋯⋯⋯⋯⋯⋯⋯⋯⋯⋯⋯⋯ **227**

고사의(告事儀) ⋯⋯⋯⋯⋯⋯⋯⋯⋯⋯⋯⋯⋯⋯⋯⋯⋯⋯⋯⋯⋯⋯⋯⋯⋯⋯ **229**

시제의(時祭儀) ⋯⋯⋯⋯⋯⋯⋯⋯⋯⋯⋯⋯⋯⋯⋯⋯⋯⋯⋯⋯⋯⋯⋯⋯⋯⋯ **232**

기제의(忌祭儀) ⋯⋯⋯⋯⋯⋯⋯⋯⋯⋯⋯⋯⋯⋯⋯⋯⋯⋯⋯⋯⋯⋯⋯⋯⋯⋯ **246**

묘제의(墓祭儀) ⋯⋯⋯⋯⋯⋯⋯⋯⋯⋯⋯⋯⋯⋯⋯⋯⋯⋯⋯⋯⋯⋯⋯⋯⋯⋯ **250**

상복중행제의(喪服中行祭儀) ⋯⋯⋯⋯⋯⋯⋯⋯⋯⋯⋯⋯⋯⋯⋯⋯⋯⋯⋯⋯ **253**

율곡 이이 행장기 **259**

연보 **262**

서문(序)

사람이 이 세상을 살아가는 데 학문이 아니고서는 올바른 사람이 될 수가 없다. 그런데 여기에 말하는 학문이란 것은 또한 절대로 이상한 다른 물건이 아니다.

 그러면 학문이란 무엇인가? 이것은 다만 남의 아비가 된 자는 그 아들을 사랑할 것, 자식 된 자는 부모에게 효도할 것, 남의 신하가 된 자는 그 임금에게 충성을 다할 것, 부부간에는 마땅히 분별이 있어야 할 것, 형제간에는 의당 우애가 있어야 할 것, 나이 젊은 사람은 어른에게 공손해야 할 것, 친구 사이에는 믿음이 있어야 할 것 등이다. 이런 일들을 날마다 행하는 행동에서 모두 마땅한 것을 얻어서 행해야 할 것이고, 공연히 마음을 현묘(玄妙)한 곳으로 달려서 무슨 이상한 효과가 나타나기를 넘겨다보지 말 것이다.

어쨌든 학문을 하지 않은 사람은 마음이 막히고 소견이 어둡게 마련이다. 그 때문에 사람은 반드시 글을 읽고 이치를 궁리해서 자기 자신이 마땅히 행해야 할 길을 밝혀야 한다. 그런 뒤에야 조예(造詣)가 정당해지고 행동도 올발라진다. 그런데 지금 사람들은 이런 학문이 날마다 행동하는 데 있음을 알지 못하고 공연히 이것은 까마득히 높고 멀어서 보통 사람으로서는 행하지 못할 일이라고 생각한다. 그리하여 이 학문을 자기는 하지 못하고 남에게 밀어 맡겨 버리고서 자신은 스스로 이것을 만족스럽게 여기고 있으니 어찌 슬픈 일이 아니겠는가?

내가 바다 남쪽에 집을 정하고 살려니 학도 한두 사람이 와서 나에게 배우기를 청했다. 이에 나는 그들의 스승이 되지 못할 것을 부끄럽게 여기는 한편, 또 처음 배우는 사람들이 아무런 향방도 알지 못할 뿐 아니라 더욱이 확고한 뜻이 없이 그저 아무렇게나 이것저것 묻고 보면 서로 아무런 도움도 되지 못하고 도리어 남들의 조롱만 받을까 두렵게 생각되었다.

이에 간략히 책 한 권을 써서 여기에 자기 마음을 세우는 것, 몸소 실천할 일, 부모 섬기는 법, 남을 대하는 방법 등을 대략 적고 이것을 『격몽요결(擊蒙要訣)』이라고 이름했다. 학도들에게는 이것을 보여 마음을 씻고 뜻을 세워 마땅히 날로 공부하도록 하

고자 하며, 또 나 역시도 오랫동안 우물쭈물하던 병을 스스로 경

계하고 반성하고자 한다.

정축(丁丑) 섣달에

덕수(德水) 이이 씀

격몽요결서
擊蒙要訣序

人生斯世에 非學問이면 無以爲人이니 所謂學問者는

亦非異常別件物事也라. 只是爲父엔 當慈요 爲子엔 當孝요

爲臣엔 當忠이요 爲夫婦엔 當別이요 爲兄弟엔 當友요

爲少者엔 當敬長이요 爲朋友엔 當有信이니

皆於日用動靜之間에 隨事各得其當而已요 非馳心玄妙하고

希覬奇効者也라 但不學之人은 心地茅塞하고 識見茫昧라.

故로 必須讀書窮理하여 以明當行之路然後라야 造詣得正하고

而踐履得中矣니라.

今人은 不知學問이 在於日用하고 而妄意高遠難行이라.

故_고로 推與別人_{추여별인}하고 自安暴棄_{자안포기}하니 豈不可哀也哉_{기불가애야재}아

余定居海山之陽_{여정거해산지양}일새 有一二學徒_{유일이학도} 相從問學_{상종문학}하니

余慚無以爲師_{여참무이위사}요 而且恐初學_{이차공초학}이 不知向方_{부지향방}이요

且無堅固之志_{차무견고지지}요 而泛泛請益_{이범범청익}이면 則彼此無補_{즉피차무보}요 反貽人譏_{반이인기}라

故_고로 略書一冊子_{약서일책자}하여 粗叙立心飭躬奉親接物之方_{조서입심식궁봉친접물지방}하고

名曰擊蒙要訣_{명왈격몽요결}이라 하여 欲使學徒_{욕사학도}로 觀此_{관차}하고 洗心立脚_{세심입각}하여

當日下功_{당일하공}하고 而余亦久患因循_{이여역구환인순}일새 欲以自警省焉_{욕이자경성언}하노라.

丁丑季冬_{정축계동}에 德水_{덕수} 李珥_{이이}는 書_서하노라.

1
입지장(立志章)

처음 학문을 하는 사람은 반드시 맨 먼저 뜻부터 세워야 한다. 그리해서 자기도 성인(聖人)이 되리라고 마음먹어야 한다. 그렇지 않고 만일 조금이라도 자기 스스로 하지 못한다고 물러서려는 생각을 가져서는 안 된다.

대개 보통 사람과 성인을 비교해 보면 그 근본 성품은 한 가지요 둘이 아니다. 비록 그들이 가진 기질에는 맑은 것과 흐린 것, 또는 순수한 것과 뒤섞인 것의 차이는 있다고 하겠다. 하지만 진실로 몸소 실천해서 자기가 가졌던 물든 옛 풍습을 버리고 자기가 타고난 본래의 성품을 회복하고 본다면 여기에 터럭만큼도 보태지 않아도 만 가지나 착한 일을 다 구비할 수가 있는 것이다. 그런데도 여러 사람들은 왜 성인이 되려고 애쓰지 않는가?

그렇기 때문에 맹자는 사람의 성품이 본래 착한 것임을 설명하기 위해 언제나 요순(堯舜)¹을 들어서 비유했다.

맹자는 "사람은 누구나 요순이 될 수 있는 본성을 가지고 있다."라고 했는데, 어찌 이 말이 우리를 속이는 말이겠는가?

그러므로 우리는 항상 마음을 단단히 먹고 기운을 내어 일어나서 이렇게 생각해야 한다.

"사람의 성품이란 본래 착해서 옛날과 지금의 차이나, 지혜롭고 어리석은 차이가 없게 마련이다. 그런데 어찌 성인만이 혼자서 성인이 되고 나는 혼자서 성인이 되지 못하겠는가? 그것은 다름이 아니다. 곧 뜻이 제대로 서지 못하고, 아는 것이 분명하지 못하고, 또 행실이 착실하지 못하기 때문이다. 그러나 이 뜻을 세우고 아는 것을 분명하게 하고 행실을 착실하게 하는 일들은 모두 나 자신에 있는 것이니 어찌 이것을 다른 사람에게서 구하겠는가? 안연(顔淵)²은, '순(舜)은 누구이고 나는 누구란 말인가? 모든 일을 애써 행하면 누구든지 그렇게 될 수 있을 것이다.'

---

1 중국 고대의 성군인 요임금과 순임금
2 공자의 수제자. 이름은 회(回), 연(淵)은 그의 자, 노나라 사람. 십철(十哲)의 한 사람으로서 공자의 제자 중에서 학업과 덕행이 가장 뛰어나서 아성(亞聖)이란 칭호를 받았다. 그러나 단명해서 32세 때 공자보다 먼저 죽었다.

라고 말했다. 그러니 나도 역시 이렇게 안연이 순을 바라던 일을 본받아서 행하리라.”

사람은 타고난 용모가 추한 것을 바꾸어 곱게 할 수도 없고, 또 타고난 힘이 약한 것을 바꾸어 강하게도 할 수 없으며, 키가 작은 것을 바꾸어 크게 할 수도 없다. 이것은 왜 그런 것일까? 그것은 사람은 저마다 모두 이미 정해진 분수가 있어서 그것을 고치지 못하기 때문이다.

그러나 오직 한 가지 변할 수 있는 것이 있으니, 그것은 마음과 뜻이다. 이 마음과 뜻은 어리석은 것을 바꾸어 지혜롭게도 할 수가 있고, 못생긴 것을 바꾸어 어진 사람으로 만들 수도 있다. 그것은 무슨 까닭일까? 그것은 사람의 마음이란 그 비어 있고 차 있고 한 것이 본래 타고난 것에 구애되지 않기 때문이다. 그렇다. 사람이란 지혜로운 것보다 더 아름다운 것이 없다. 어진 것보다 더 귀한 것이 없다. 그런데 어째서 나 혼자 괴롭게 저 어질고 지혜 있는 사람이 되지 못하고 하늘에서 타고난 본성을 깎아 낸단 말인가?

사람마다 이런 뜻을 마음속에 두고 이것을 견고하게 가져서 조금도 물러서지 않는다면 누구나 거의 올바른 사람의 지경에 들어갈 수가 있다.

그러나 사람들은 혼자서 자칭 내가 뜻을 세웠노라고 하면서도, 이것을 가지고 애써 앞으로 나아가려 하지 않고, 그대로 우두커니 서서 어떤 효력이 나타나기만을 기다리고 있다. 이것은 명목으로는 뜻을 세웠노라고 말하지만, 그 실상은 학문을 하려는 정성이 없기 때문이다. 그렇지 않고 만일 내 뜻의 정성이 정말로 학문에 있다고 하면 어진 사람이 될 것은 정한 이치이고, 또 내가 하고자 하는 올바른 일을 행하면 그 효력이 나타날 것인데, 왜 이것을 남에게서 구하고 뒤에 하자고 기다린단 말인가?

그렇기 때문에 뜻을 세우는 것이 가장 귀하다고 말하는 것은, 즉 이 뜻을 가지고 부지런히 공부하면서도 오히려 내가 따라가지 못할까 두려워하여 조금도 뒤로 물러서지 말라는 것이다. 만일 그렇지 않고 혹시라도 뜻이 정성스럽고 착실하지 못한 채 그대로 우물쭈물 세월만 보내고 있으면 자기 몸이 죽을 때까지 또는 이 세상이 다할 때까지 무엇을 성취할 수 있겠는가?

입 지 장 제 일
立志章 第一

초 학   선 수 입 지   필 이 성 인   자 기
初學엔 先須立志하여 必以聖人으로 自期하고

불 가 유 일 호 자 소 퇴 탁 지 념   개 중 인   여 성 인
不可有一毫自小退託之念이니라. 盖衆人은 與聖人으로

기 본 성   즉 일 야   수 기 질   불 능 무 청 탁 수 박 지 이
基本性은 則一也니 雖氣質이 不能無淸濁粹駁之異나

이 구 능 진 지 실 천　　거 기 구 염　　이 복 기 성 초
而苟能眞知實踐하여 去其舊染하고 而復其性初면

즉 불 증 호 말　　이 만 선　구 족 의　중 인
則不增毫末하여 而萬善이 具足矣니 衆人은

기 가 불 이 성 인　　자 기 호　고　맹 자　도 성 선
豈可不以聖人으로 自期乎아 故로 孟子는 道性善하시되

이 필 칭 요 순　　이 실 지 왈 인 개 가 이 위 요 순
而必稱堯舜하시고 以實之曰 人皆可以爲堯舜이니

기 기 아
豈欺我哉리오 하니라.

　당 상 자 분 발 왈 인 성　본 선　　무 고 금 지 우 지 수
　當常自奮發曰 人性은 本善하여 無古今智愚之殊인데

성 인　하 고　독 위 성 인　아 즉 하 고　독 위 중 인 야
聖人은 何故로 獨爲聖人이며 我則何故로 獨爲衆人耶아

양 유 지 불 립　　지 불 명　　행 불 독 이　지 지 립　지 지 명
良由志不立이면 知不明하고 行不篤耳니 志之立과 志之明과

행 지 독　개 재 아 이　기 가 타 구 재　안 연 왈 순 하 인 야
行之篤이 皆在我耳니 豈可他求哉아 顔淵曰 舜何人也며

여 하 인 야　유 위 자 역 약 시　아 역 당 이 안 지 희 순
予何人也아 有爲者 亦若是니 我亦當以顔之希舜으로

위 법
爲法이니라.

　인 지 용 모　불 가 변 추 위 연　　여 력　불 가 변 약 위 강
　人之容貌는 不可變醜爲姸이요 擧力은 不可變弱爲强이요

신 체　불 가 변 단 위 장　　차 즉 이 정 지 분　　불 가 개 야
身體는 不可變短爲長이니 此則已定之分이니 不可改也라

유 유 심 지　즉 가 이 변 우 위 지　변 불 초 위 현　차
惟有心志면 則可以變愚爲智요 變不肖爲賢이니 此는

즉 심 지 허 령　불 구 어 품 수 고 야　막 미 어 지　막 귀 어 현
則心之虛靈이 不拘於稟受故也라 莫美於智요 莫貴於賢이어늘

하 고 이 불 위 현 지　　이 휴 손 천 소 부 지 본 성 호　　인 존 차 지
何苦而不爲賢智하여 以虧損天所賦之本性乎아 人存此志하여

^{견고불퇴} ^{즉서기호도의}
堅固不退면 則庶幾乎道矣니라.

^{범인} ^{자위입지} ^{이부즉용공} ^{지회등대자}
凡人이 自謂立志하고 而不卽用功하고 遲回等待者는

^{명위입지} ^{이실무향학지성고야} ^{구사오지} ^{성재어학}
名爲立志요 而實無向學之誠故也라 苟使吾志요 誠在於學이면

^{즉위인} ^{유기욕지} ^{즉지하구어인} ^{하대어후재}
則爲仁이요 由己欲之면 則至何求於人이며 何待於後哉아

^{소귀호입지자} ^{즉하공부} ^{유공불급} ^{염념불퇴고야}
所貴乎立志者는 則下工夫하여 猶恐不及하여 念念不退故也라

^{여혹지불성독} ^{인순도일} ^{즉궁년몰세}
如或志不誠篤하고 因循度日이면 則窮年沒世하여

^{기유소성취재}
豈有所成就哉아.

[해설]

학문을 하는 데 제일 먼저 필요한 것은 곧 입지(立志)다.

이 입지란 글자 그대로 뜻을 세우는 것이다. 행하는 것이 도에 어긋나지 않도록 마음을 확실히 정하는 것을 말한다.

『예기(禮記)』에 "실[絲]에서 나오는 소리는 슬프다. 이 슬픈 소리는 청렴한 것을 세우고, 이 청렴한 것으로 뜻을 세운다(絲聲哀哀以立廉 廉以立志)."라고 했다 또 『춘추좌씨전(春秋左氏傳)』에 "믿음으로 뜻을 세운다(信以立志)."라고 했고, 『맹자』 「만장(萬

章)」에 "완고하고 재리를 탐하는 사나이는 청렴해지고, 게으른 사나이는 뜻을 세우게 된다(頑夫廉 懶夫立志)."라고 했다.

이렇게 보면 이 입지란 어느 것이나 올바른 길을 행하기 위해서 움직이지 않는 확고한 마음을 정하는 것을 의미한다. 그렇기 때문에 이 책에서도 입지를 학문하는 사람으로서 제일 먼저 가져야 할 태도라고 역설한 것이다. 원래 사람이란 누구나 성인(聖人)이 될 수가 있다. 성인이나 보통 사람이나 그 타고난 본성은 마찬가지라는 것이다.

맹자는 "사람은 누구나 요순이 될 수 있는 본성을 가지고 있다."라고 말했다. 또 안연도 "순은 누구이고 나는 누구란 말인가? 모든 일을 애써 행하면 누구든지 그렇게 될 수 있을 것이다."라고 말했다.

이런 말을 인용하면서 저자는 이렇게 말했다.

'사람의 용모나 힘이나 몸뚱이는 변화시킬 수가 없다. 사람의 추한 얼굴을 곱게도 바꿀 수가 없고, 고운 얼굴을 추하게 만들 수도 없다. 약한 자를 강하게 바꿀 수도 없고 강한 자를 약하게 고칠 수도 없다. 또 이와 마찬가지로 키가 작은 자를 크게 바꿀 수도 없고 키가 큰 자를 작게도 고칠 수가 없다. 그러나 여기에 단 한 가지 바꿀 수가 있는 것이 있다. 그것은 오직 심지뿐이다. 사람의 마음과 뜻은 바꿀 수가 있다는 말이다. 어리석은 자를 지혜 있는 사람으로 만들 수가 있고, 또 못난 사람을 어질게 만들 수도 있다는 것이다. 그것은 왜냐하면 사람의 마음이 비어 있고 신령스러운 것은 타고날 때의 심지에 구애받지 않기 때문이다.'

이렇게 말한 저자는 다시 계속하여 '이렇게 변경할 수 있는 심지를 가지고서도 어찌해서 어질고 지혜 있는 사람이 되려고 노력하지 않는가? 이렇게 자기의 심지를 어질고 지혜 있는 곳으로 이끌어 나가도록 뜻을 세우는 것이 바로 입지다'라고 결론지었다.

그러나 이렇게 말로만 내가 입지했노라고 하고 학문과 행실에 힘쓰지 않으면 아무 소용이 없다. 이 입지를 근본으로 해서 계속하여 학문에 힘쓰고 행실에 노력하며 남에게 뒤질까 걱정해야만 비로소 목적한 바를 성취할 수 있는 것이다.

그러면 사람이 뜻을 세운 뒤에는 어떠한 행동을 해야 하고 어떤 노력을 해야 하는가? 이것은 물론 한마디로 말할 수가 없다.

중국 북송 때 정이천(程伊川)의 제자 장사숙(張思叔)은 그의 좌우명에서 이렇게 말했다.

"모든 말은 반드시 충성되고 미덥게 하고, 모든 행동은 반드시 착실하고 공경히 하라. 음식은 반드시 조심하고 절조 있게 먹고, 글씨 쓰는 것은 반드시 바르게 쓰도록 하라. 얼굴 모습은 반드시 단정하게 가져야 하고, 의관은 반드시 정제하고 엄숙해야 한다.

걸음걸이는 반드시 안전하고 조심하며, 거처하는 곳은 반드시 바르고 고요해야 한다. 일하는 것은 처음부터 계획을 세워서 시작하고, 말을 입 밖에 낼 때는 반드시 실행한 것을 돌아보라. 항상 마음속에 있는 덕을 반드시 굳게 간수하며, 남에게 일을 허락할 때는 반드시 일의 성패를 생각해야 한다. 착한 일을 보면 내가 한 것처럼 생각하고, 악한 일을 보면 내가 잘못한 것처럼 여겨라. 위에 말한 열네 가지 일은 모두 내가 깊이 살피지 못한 일이다. 여기 자리 곁에 이 글을 써 두고, 아침저녁으로 보고 경계코자 하노라."

凡語必忠信(범어필충신) 凡行必篤敬(범행필독경) 飮食必愼節(음식필신절) 字劃必楷正(자획필해정) 容貌必端正(용모필단정) 衣冠必整肅(의관필정숙) 步趨必安詳(보촉필안상) 居處必正靜(거처필정정) 作事必謀始(작사필모시) 出言必顧行(출언필고행) 常德必固持(상덕필고지) 然諾必重慮(연낙필중려) 見善如己出(견선여기출) 見惡如己病(견악여기병) 凡此十四者(범차십사자) 皆我未深省(개아미심성) 書此左右銘(서차좌우명) 朝夕視爲警(조석시위경)

다음으로 범익겸(范益謙)의 좌우명에는 이렇게 쓰여 있다.

"첫째, 정부의 잘하고 못하는 일과 변방의 보고, 또는 어느 누가 벼슬에 임명된 일들을 말하지 말 것. 둘째, 고을살이하는 관리들이 잘하고 못하는 일을 말하지 말 것. 셋째, 다른 사람들이 과오를 범했거나 악한 일을 하는 것을 말하지 말 것. 넷째, 누가 관직에 임명되었거나 누가 세력에 아부해서 출세하고 있다는 일들을 말하지 말 것. 다섯째, 재산이 많고 적은 것이나 가난한 것이 싫다거나 부자 되기를 바란다는 말을 하지 말 것. 여섯째, 음탕하고 난잡스러운 말이나 여색에 대한 평판을 말하지 말 것. 일곱째, 사람을 찾아가서 술이나 음식을 억지로 달라고 하지 말 것. 또 남이 보내는 편지를 뜯어보거나 묵혀 두지 말 것. 남과 같이 앉았을 때 사사로운 글을 엿보지 말 것. 남의 집에 들어가서 남의 문자를 보지 말 것. 음식을 먹을 때는 자기만 편한 데를 찾지 말 것. 남의 부귀를 부러워하거나 헐뜯지 말 것. 대체로 이러한 여러 가지 일에 대해서 조금이라도 범한 것이 있으면 이것으로 자신이 옳지 못하게 마음을 쓰고 있음을 알 것이다. 따라서 이것은 마음을 바르게 하고 몸을 닦는 데 크게 해로울 것이므로 여기에 이것을 써서 스스로 경계하는 바이다."

一(일). 不言朝廷利害邊報差除(불언조정이해변보차제) 二(이). 不言州縣官員長短得失(불언주현관원장단득실) 三(삼). 不言衆人所作過惡之事(불언중인소작과오지사) 四(사). 不言仕進官職趨時附勢(불언사진관직촉시부세) 五(오). 不言財利多少厭貧求富(불언

재리다소염빈구부) 六(육). 不言浮媒戲慢評論女色(불언음매희만평논여색) 七(칠). 不言求覓人物干索酒食(불언구멱인물간색주식). 又人付書信(우인부서신) 不可開坼沈滯(불가개탁침체) 與人竝坐 不可窺人私書(여인병좌불가규인사서) 凡入人家(범입인가) 不可看人文字(불가간인문자) 凡借人物(범차인물) 不可損壞不還(불가손괴불환) 凡喫飲食(범끽음식) 不可揀擇去取(불가련택거취) 與人同處(여인동처) 不可自擇便利(불가자택편리) 凡人富貴(범인부귀) 不可歎羨詆毀(불가탄선저훼) 凡此數事(범차수사) 有犯之者足以見用意之不肖(유범지자족이견용의지불초) 於正心修身(어정심수신) 大有所害(대유소해) 因書以自警(인서이자경)

『채근담(菜根譚)』에 이런 명언이 있다.

"꽃을 가꾸고 대나무를 심으며, 혹 학을 바라보고 물고기가 노는 것을 구경하는 데도 자기 스스로의 마음속에 한 단계의 얻음이 있어야 한다. 그렇지 않고 만일 공연히 그 경치에만 마음이 쏠려 아름다운 것만 맛본다면 이 또한 우리들 유자(儒者)의 입으로 말하고 귀로 듣는 학문이나 불교에서 말하는 완공(頑空)일 뿐이니 무슨 아름다운 취미를 알 수 있겠는가?"

栽花種竹(재화종죽) 玩鶴觀魚(완학관어) 又要有一段自得處(우요유일단자득처) 若徒留連光景(약도유연광경) 玩弄物華(완롱

물화) 亦吾儒之口耳(역오유지구이) 釋氏之頑空而已(석씨지완공이이) 有何佳趣(유하가취)

　　어느 날 주(周)나라 무왕(武王)이 강태공(姜太公)에게 묻는다.

　　"사람이 이 세상을 살아가는 데 어찌해서 부하고 귀한 것과 가난하고 천한 차이가 생기는지 그것을 알고 싶습니다."

　　태공은 대답한다.

　　"부하고 귀한 것은 마치 성인의 덕과 같아서 모두 하늘이 준 운명에 의한 것입니다. 그러나 부자로 사는 사람은 절조 있게 쓰고, 부자가 아닌 사람은 집에 열 가지 도둑이 있기 때문입니다."

　　무왕이 다시 묻는다.

　　"그 열 가지 도둑은 대체 무엇입니까?"

　　태공이 또 대답한다.

　　"그 열 가지 도둑이란 즉 이런 것입니다. 제철이 되어서 밭에 곡식이 익었는데도 이것을 거둬들이지 않는다면 이것이 첫째 도둑입니다. 다음으로는 거두기는 시작했어도 이것을 창고에 들여다 쌓아 두지 않으면 이것은 둘째 도둑입니다. 아무 일도 없는데 등불을 켜 놓고 잠자코 있으면 이것은 셋째 도둑입니다. 또 게을러서 농사를 짓지 않고 놀고 있으면 이것은 넷째 도둑입니다. 남에게 자기의 공력을 전혀 베풀지 않고 있으면 이것은 다섯째 도둑입니다. 가지가지로 교묘한 일과 남을 해치는 일만을 골라서 하면 이것은 여섯째 도둑입니다. 기르는 딸이 너무 많은 것은 일곱째 도둑입니다. 낮잠 자고 게을러서 늦게 일어나는 것은 여덟째 도둑입니다. 술을 몹시 즐기고 맛있는 음식을 탐하는 것은 아홉째 도둑입니다. 지나치게 남을 시기하는 것은 열째 도둑입니다."

이 말을 듣자 무왕은 의아한 듯이 또 묻는다.

"그렇다면 집에 이런 열 가지 도둑이 없어도 부자가 못 되는 것은 무엇 때문입니까?"

태공이 대답한다.

"그것은 그 집에 반드시 재물을 소모하는 세 가지가 있기 때문입니다."

여기서 무왕은 또 묻지 않을 수 없다.

"그 세 가지 재물을 소모하는 것이란 또 무엇입니까?"

태공이 대답한다.

"창고에 비가 새도 지붕을 새로 덮지 않아서 쥐나 새들이 마냥 까먹어 없애도록 내버려 두는 것이 첫째 소모하는 것이요, 전답에 씨를 제때에 뿌리지 못하거나 또 제때에 거둬들이지 못하는 것이 둘째 소모하는 것이요, 곡식을 땅에 흘려 더럽고 천한 물건처럼 여기는 것이 셋째 소모하는 것입니다."

무왕이 듣고 나자 또 한 번 묻는다.

"그렇다고 하면 집에 세 가지 소모하는 것이 없는데도 부자가 되지 못하는 것은 또 무엇 때문입니까?"

태공이 대답한다.

"그것은 그 집에는 반드시 열 가지 나쁜 것이 있기 때문입니다. 그 열 가지란 첫째, 일을 그르치는 것. 둘째, 일을 잘못 처리하는 것. 셋째, 어리석은 것. 넷째, 매사에 실수하는 것. 다섯째, 인륜을 거역하는 처사. 여섯째, 상서롭지 못한 일. 일곱째, 종의 행색을 하는 것. 여덟째, 천한 일을 하는 것. 아홉째, 어리석은 것. 열째, 지나치게 강한 것 등입니다. 이런 일들은 저절로 화를 부르는 것이고, 하늘이 내리는 재앙도 아닌 것입니다."

무왕은 계속하여 또 묻는다.

"그 자세한 내용을 모두 들려주십시오."

태공이 또 대답한다.

"자식을 낳아 기르기만 하고 교육을 시키지 않는다면 이것은 첫째의 일을 그르친 것입니다. 어린아이 때부터 가르치지 않고 그대로 크게 내버려 두는 것은 둘째의 일을 잘못 처리한 것입니다. 다음으로 처음에 새 아내를 맞아다가 엄하게 가르치지 않는다면 이것은 셋째의 어리석은 짓입니다. 남이 말도 하기 전에 웃기부터 하는 것은 넷째의 실수입니다. 제 부모를 잘 봉양하지 않는 것은 다섯째의 인륜을 거역하는 일입니다. 밤중에 알몸뚱이로 일어나서 밖에 나가는 것은 여섯째의 상서롭지 못한 일입니다. 또 남의 활을 자기가 쓰기 좋아하는 것은 일곱째의 종의 행색입니다. 남의 말을 빌려다가 타고 다니기를 좋아하는 것이 여덟째의 천한 일입니다. 남의 술을 얻어먹으면서 그 술을 다른 사람에게 전하는 것은 아홉째의 어리석은 일입니다. 끝으로 남의 밥을 먹고 지내면서 친구들에게 명령하는 것이 열째의 지나치게 강한 일입니다."

태공의 긴 설명은 이것으로 끝이 났다.

이것을 다 듣고 난 무왕은 "참으로 아름답고 옳은 말씀들입니다."라고 말했다.

『순자(荀子)』의 「권학편(勸學篇)」을 보면 재미있는 말이 실려 있다.

군자가 말하기를, "학문이란 도중에 중지해서는 안 된다. 푸른 빛은 쪽[藍]이라는 풀을 원료로 해서 만들지만 그 원료인 쪽보다도 더욱 푸르다. 또 얼음은 물에서 만들어지지만 그 원료인 물보다도 몇 배나 차다."라고 했다.

나무가 반듯하게 만들어지는 것은 먹줄을 튕기고 자르기 때문이다. 똑같은 나무라도 이것을 휘어서 수레바퀴로 만드는 것은 역시 연장을 가지고 깎아 내기 때문이다. 그러나 일단 수레바퀴가 된 이후에는 그 나무의 성질이 굳어 버려서 다시는 반듯한 상태로 되돌아가지 않는다. 그것은 그 나무를 휘어서 수레바퀴로 만들던 그 기운이 그렇게 만들어 버린 것이다.

이와 같이 나무는 먹줄을 튕겨서 자르면 반듯해지고 칼날은 숫돌에 갈면 예리해진다. 학문이나 도덕에 뜻을 두는 자가 넓게 배우고 또 날마다 때때로 자기의 언행에 대해서 반성하고 보면 지혜가 더욱 더욱 밝아져서 자기 행동에 실수가 없어질 것이다.

그렇기 때문에 높은 산에 올라가지 않고서는 저 하늘이 높은 것을 알 수가 없고, 깊은 골짜기를 내려다보지 않고서는 저 대지가 두꺼운 것을 알 수가 없다. 이와 마찬가지로 옛날의 성왕이 남긴 훌륭한 말들을 듣지 않고서는 학문의 도가 넓고 크다는 것을 알 수가 없는 것이다.

남쪽 지방의 간(干)이나 월(越), 그리고 동쪽 지방의 이(夷), 동북방의 맥(貊) 같은 이민족의 자식들도 날 때는 그 목소리가 서로 모두 같다. 그러나 이들이 차차 자라면서 풍습이 달라지는 것은 그들이 받는 교육과 감화에 따라 변하기 때문이다.

『시경(詩經)』「소아(小雅)·소명편(小明篇)」에 이런 말이 있다.

"아! 그대들 학문과 도덕에 뜻을 두는 사람들이여! 언제나 항상 안일하게 쉬고만 있을 것이 아니라, 자기들이 현재 당하고 있는 입장을 조용히 삼가서 곧은길을 좋아하고 그 길을 닦아 나가면 신은 그 정성을 들어주어 그대들에게 커다란 행복을 줄 것이다.”

참으로 신이란 학문의 도에 동화해서 한 몸뚱이가 되게 해 주는 것이 그 극치라 하겠다. 또 복이라는 것은 일체의 재화가 없는 것이 제일이다.

2
혁구습장(革舊習章)

사람이 비록 학문에 뜻을 두었다고 해도 용맹스럽게 앞으로 나아가고 전진해서 무슨 일을 이루지 못하면 옛날의 습관이 그 뜻을 막아 흐려 버리고 만다.

옛날의 묵은 습관이란 대체 무엇 무엇인가를 여기에 따로따로 추려서 쓰는 것이니 만일 뜻을 채찍질해서 이것을 깨끗이 없애 버리지 않으면 끝내 아무것도 배우지 않은 사람이 되고 말 것이다.

첫째, 그 마음과 뜻을 게을리하고 자기 행동과 모양을 아무렇게나 버려두며 다만 일신이 편안하게 지낼 것만 생각하고 예절이나 올바른 일에 구속되는 것을 싫어하는 것.

둘째, 항상 움직일 것만 생각하고 조용히 자기 마음을 지키려고 애쓰지 않으며 어지럽게 드나들면서 쓸데없는 말만 하고 세월을 보내는 것.

셋째, 악하고 이상한 짓을 좋아하고 보통 풍속에 골몰하며 조금 자기 행동을 조심하려고 해도 남들이 자기를 괴상히 여길까 두려워하는 것.

넷째, 공연히 문장을 잘하는 것을 가지고 시속 사람들에게 칭찬을 받으려 하며 경전(經典)에 있는 글을 따다가 제 글인 체하고 헛된 문장을 꾸며 만드는 것.

다섯째, 쓸데없는 편지 쓰기를 일삼고 거문고 뜯기, 술 마시기를 일삼으며 공연히 놀고 세월을 보내면서 자기만이 가장 맑은 운치를 가지고 사는 체하는 것.

여섯째, 한가롭게 아무 일도 없는 사람들을 모아 놓고 바둑 두고 장기 두는 것을 일삼으며 배불리 먹고 마시면서 날을 보내고 남과 다투기를 꾀하는 것.

일곱째, 부자로 살거나 귀하게 지내는 사람을 부러워하고, 가난하고 천하게 지내는 것을 싫어하며 좋지 못한 의복과 좋지 못한 음식을 몹시 부끄러워하는 것.

여덟째, 매사에 욕심만 부리고 아무런 절조가 없으며 잘잘못을 판단해서 억제할 줄을 모르며 자기에게 재물이 돌아오는 것과 좋은 소리, 좋은 빛을 지나치게 탐하는 것.

　이상은 모두 자기 마음에 해로운 습관들이다. 이 밖에도 좋지 못한 습관이 물론 많지만 이것을 낱낱이 들어 기록할 수는 없다. 이 습관들은 모두 사람으로 하여금 뜻을 견고하게 하지 못하고, 행실을 착실하게 하지 못하게 하는 요소들이다. 그러므로 오늘 행한 것을 내일에 가서도 고칠 줄 모르고, 아침에 일어나서는 후회하면서도 저녁에는 또다시 되풀이하게 마련이다. 그런즉 이것은 반드시 크게 용맹스러운 뜻을 가지고 마치 칼날로 쳐서 물건을 끊듯이 하여 그 뿌리를 잘라 없애서 마음속에 터럭만큼도 그 남은 줄거리가 없도록 해야 할 것이다. 그리고 자주자주 언제나 구습(舊習)을 맹렬히 반성하기에 힘써서 마음에 한 점이라도 구습에 더럽혀짐이 없게 한 뒤라야만 비로소 학문에 나아가 공부를 할 수 있을 것이다.

혁 구 습 장 제 이
革舊習章 第二

인　　수유지어학이나　　이불능용왕직전하여　　이유소성취자는
人이 雖有志於學이나 而不能勇往直前하여 以有所成就者는

구 습　　유이저패지야라　구습지목을　조열여좌하노니
舊習이 有以沮敗之也라 舊習之目을 條列如左하노니

약 비 여 지 통 절 이 면 　　즉 종 무 위 학 지 지 의
若非勵志痛絶이면 則終無爲學之地矣라.

其一 惰其心志^{타기심지}하여 放其儀形^{방기의형}하며 只思暇逸^{지사가일}하여
深厭拘束^{심염구속}이라.

其二 常思動作^{상사동작}하여 不能守靜^{불능수정}하고 紛紜出入^{분운출입}하여
打話度日^{타화도일}이라.

其三 喜同惡異^{희동오이}하여 汨於流俗^{골어유속}하고 梢欲修飭^{초욕수칙}하여
恐乖於衆^{공괴어중}이라.

其四 好以文辭^{호이문사}하여 取譽於時^{취예어시}하고 剽竊經傳^{표절경전}하여
以飾浮藻^{이식부조}라.

其五 工於筆札^{공어필찰}하여 業於琴酒^{업어금주}하고 優遊卒歲^{우유졸세}하여
自謂淸致^{자위청치}라.

其六 好聚閑人^{호취한인}하여 圍碁局戲^{위기국희}하고 飽食終日^{포식종일}하여
只資爭競^{지자쟁경}이라.

其七 歆羨富貴^{흠선부귀}하고 厭薄貧賤^{염박빈천}하며 惡衣食惡^{악의식악}을 深以爲恥^{심이위치}라.

其八 嗜慾無節^{기욕무절}하여 不能斷制^{불능단제}하고 貨利聲色^{화리성색}이 其味如庶^{기미여서}라.

習之害心者^{습지해심자} 大槩如斯^{대개여사}요 其餘^{기여}는 難以悉擧^{난이실거}니 此習^{차습}은
使人^{사인}으로 志不堅固^{지불견고}하고 行不篤實^{행불독실}하여 今日所爲^{금일소위}를

明日難改하며 朝悔其行하고 暮已復然하니

명 일 난 개　조 회 기 행　모 이 부 연

必須大奮勇猛之志하여 如將一刀로 快斷根株하고

필 수 대 분 용 맹 지 지　여 장 일 도　쾌 단 근 주

淨洗心地하여 無毫髮餘脉하고 而時時로 每加猛省之功하여

정 세 심 지　무 호 발 여 맥　이 시 시　매 가 맹 성 지 공

使此心으로 無一點舊染之汚然後에 可以論進學之工夫矣니라.

사 차 심　무 일 점 구 염 지 오 연 후　가 이 논 진 학 지 공 부 의

[해설]

먼저 「입지장」에서 저자는 사람이 학문을 하는 데 무엇보다도
입지가 중요하다고 말했다. 그러면 뜻을 세운 뒤에 또 가장 급
한 일은 무엇인가? 여기서는 묵은 습관을 개혁하는 것이라고 말
했다.

　사람이 학문을 하려고 뜻을 세웠으면서도 앞으로 진보해 나가
지 못하는 원인은 묵고 썩어 빠진 옛 습관을 개혁하지 못하기 때
문이라고 말한다. 그리하여 여기에 자기 마음에 해가 되어 구습
을 개혁하지 못하게 하는 요소 여덟 가지를 열거해 설명했다. 이
여덟 가지 습관을 고치기를, 마치 날카로운 칼날로 물건을 쳐서
끊듯이 이 근원을 잘라 버려 마음속에 터럭만큼도 남은 줄거리
가 없도록 하라고 가르치고 있다.

『채근담』에 이런 말이 있다.

"한 가지 생각 문득 일어나 사욕의 길을 향해 가고자 하거든 곧 이것을 이끌어 내려 올바른 도의 길로 가도록 하라. 이런 생각이 한 번 일어날 때, 이내 이를 깨닫고 바로 마음을 돌리도록 하라. 이렇게 하면 이는 곧 재앙을 변화시켜 복이 되게 할 것이며, 죽는 사람도 일으켜 살도록 하는 관건이 될 것이니 절대로 경솔히 방심해 지나치지 말라."

念頭起處(염두기처) 纔覺向欲路上去(재각향욕로상거) 便挽從理路上來(편만종리로상래) 一起便覺(일기편각) 一覺便轉(일각편전) 此是轉禍爲福(차시전화위복) 起死回生的關頭(기사회생적관두) 切莫轉易放過(절막전역방과)

또 이런 말도 있다.

"명리(名利)에 대한 생각을 아직 뿌리 뽑지 못한 자는, 그가 아무리 천승(千乘)의 부를 가볍게 알고 변변찮은 음식을 달게 여긴다 해도 그것은 실상 세속의 정에 빠져든 마음이다. 객기가 온전히 사라지지 않은 자는 제아무리 자기의 은택을 사해(四海)에 베풀고 이익을 만세에 끼친다 할지라도 그것은 마침내 값없는 조그만 재주에 그치고 말 것이다."

名根未拔者(명근미발자) 縱輕千乘甘一瓢(종경천승감일표) 總

墮塵情(총타진정) 客氣未融者(객기미융자) 雖澤四海利萬世(수택사해이만세) 終爲剩技(종위잉기)

　한번 분발하여 학문을 연구하고 덕을 닦으면 좋은 일을 할 것이나, 그렇지 못하면 사람으로 태어난 보람이 무엇이냐고 다음과 같이 말한 구절도 있다.

　"봄이 와서 일기가 화창하면 꽃은 한층 고운 빛을 땅에 펴는 법, 그리고 새도 역시 소리마다 고운 목소리를 굴리게 된다. 선비가 다행히 세상에 두각을 나타내 다시 따뜻하고 배부르게 되어도 좋은 말과 좋은 행동하기를 생각하지 않으면, 이것은 비록 이 세상에 백 년을 살아도 마치 하루도 살지 못한 것과 같다."

　春至時和(춘지시화) 花尙鋪(화상포) 一段好色(일단호색) 鳥且轉幾向好音(조차전기향호음) 士君子幸列頭角(사군자행렬두각) 復過溫飽(부과온포) 不思立好言行好事(불사립호언행호사) 雖是在百世(수시재백세) 恰似未生一日(흡사미생일일)

　한퇴지(韓退之)[1]는 「동생행(董生行)」에서 이렇게 말했다.

1　당나라의 대문호 한유(韓愈). 퇴지는 그의 자이며, 시호는 문공(文公). 이 글은 동생이 자기의 뜻을 얻지 못해서 하북으로 떠날 때 지어 준 글이다.

"회수(淮水) 물은 동백산(桐栢山)에서 시작하여 동쪽으로 멀리 흘러 천 리를 달렸으나 쉬지 않는다. 또 비수(淝水) 물은 그 곁에서 나왔건만 천 리도 흘러가기 전에 백 리쯤 가다가 회수로 들어가 같이 흘러 버렸다. 수주(壽州)가 소속되어 있는 것은 안풍 고을이다. 당나라 정원(貞元) 시절에 이 고을 사람 동생소남(董生召南)이 있었다. 그는 이 고을에 숨어 살면서 의리를 행해 왔다. 그러나 자사가 그를 능히 천거하지 못하니 천자가 그의 명성을 어이 알겠는가? 그에게는 벼슬과 봉록이 이르지 못하고 문 밖에는 다만 아전들이 날마다 와서 세금을 독촉하고 다시 또 돈을 달라고 한다. 아아! 슬프다. 동생이여! 아침이면 밖에 나가 밭을 갈고 밤이면 돌아와 옛사람의 글을 읽는구나. 날이 다하도록 한 번도 쉬지 못하고 혹은 산에 올라 나무를 하고, 혹은 물가에 가서 물고기를 잡는구나. 부엌에 들어가 맛있고 단 음식을 마련해 가지고, 당(堂)에 올라가 부모의 기거하심을 문안하니 부모가 근심하지 않고 처자들도 원망하는 일이 없구나. 슬프다. 동생이여! 효도하고 인자한 것을 사람들은 알지 못하고 오직 하늘만이 이를 알아 상서로운 일을 주고 복을 기약 없이 내리는구나. 집에 개가 있어 새끼를 낳고 먹을 것을 구하러 밖으로 나갔다. 닭이 이것을 보고 그 새끼를 먹이고자 뜰 가운데 벌레와 개미를 쪼아 주어도 먹지 않고 슬픈 울음만 우는구나. 닭은 그 곁을 두루 거닐면서 오랫동안 떠나지 않고 날개로 강아지를 덮어 주고 어미 개 돌아오기를 기다리는도다. 슬프다. 동생이여! 누가 장차 더불어 그와 짝하겠는가? 지금 사람들은 부부간에 서로 사납게 굴며 형제간에 서로 원수가 되어 나라의 봉급을 먹으면서도 제 부모를 조심케 하는데 너는 홀로 무슨 마음인가? 슬프다. 동생이여! 함께 짝지을 사람이 없구나."

淮水(회수) 出桐栢山(출동백산) 東馳遙遙(동치요요) 千里不能休(천리불능휴) 淝水(비수) 出其側(출기측) 不能千里(불능천리) 百里入淮流(백리입회류) 壽州屬縣(수주속현) 有安豐(유안풍) 唐貞元年時(당정원년시) 縣人(현인) 董生召南(동생소남) 隱居行義於其中刺史(은거행의어기중자사) 不能薦(불능천) 天子不聞名聲(천자불문명성) 爵祿(작록) 不及門外(불급문외) 唯有吏目來徵租更索錢(유유이목래징조경색전) 嗟哉董生(차재동생) 朝出耕(조출경) 夜歸讀古人書(야귀독고인서) 盡日不得息(진일부득식) 或山而樵(혹산이초) 或水而漁(혹수이어) 入廚甘旨(입주감지) 上堂問起居(상당문기거) 父母(부모) 不慽慽(불척척) 妻子(처자) 不咨咨 嗟哉董生(부자자차재동생) 孝且慈(효차자) 不識(불식) 唯有天翁知(유유천옹지) 生祥下瑞無時期(생상하서무시기) 家有狗乳出求食(가유구유출구식) 鷄來哺其兒(계래포기아) 啄啄庭中抱蟲蟻(탁탁정중포충의) 哺之不食聲悲(포지불식성비) 彷徨躑躅久不去(방

황척촉구불거) 以翼來覆待狗歸(이익내복대구귀) 嗟哉董生(차재동생) 誰將與儔(수장여주) 時之人(시지인) 夫妻相虐(부처상학) 兄弟爲讎(형제위수) 食君之祿(식군지록) 而令父母愁(이령부모수) 亦獨何心(역독하심) 嗟哉董生(차재동생) 無與儔(무여주)

다음은 도간(陶侃)이라는 진(晋)나라 무장의 이야기다.

그가 광주자사가 되었을 때 그 고을에는 아무런 할 일이 없어 한가로이 태평세월을 보내게 되었다. 그러나 도간은 아침에 출근하자 손수 벽돌 백 장을 담 밖으로 옮겨 놓느라고 땀을 흘린다. 백 장을 다 옮기고 나면 점심때가 된다. 잠시 쉬고 난 도간은 저녁 무렵이 되자 담 밖에 있는 벽돌을 이번에는 안으로 옮기기에 애를 써서 백 장을 모두 담 안으로 옮긴 다음에야 땀을 씻고 퇴근을 하는 것이다.

하는 일이 이상해서 좌우 사람들이 물었다.

"힘드실 텐데 그 벽돌은 왜 손수 옮기시느라고 애를 쓰십니까?"

그러나 도간의 대답은 간단했다.

"허허! 모르는 소리. 장차 우리는 중원에 중요한 일을 담당해야 하네. 그런데 내가 지나치게 편안하게 지낸다면 막상 일할 시기가 와도 아무 일도 해내지 못할 것이 아닌가? 그래서 나는 몸과 마음을 단련하고 있는 것이네."

이 얼마나 훌륭한 마음씨인가? 그는 이렇게 자기의 심리를 연마하고 몸을 부지런히 했던 것이다. 도간은 그 뒤에 형주자사가 되었다. 그곳은 할 일이 많은 곳이었다.

그는 원래 성품이 총명하고 민첩해서 자기가 맡은 직책에 부지런하고 행동이 온화하고 공손해서 예법에 맞고 더욱 인륜을 존중했다. 종일토록 무릎을 꿇고 단정히 앉아 사무를 처리하는데 고을 안 일이 천 가지 만 가지지만 조금도 실수가 없고 또 빠뜨림 없이 처리했다. 또 멀고 가까운 곳에서 날라 오는 글에 모두 손수 회답했다.

그러면서도 도간은 모든 문서를 붓끝이 흐르듯이 처리해서 일찍이 정체하는 것을 보지 못하고, 또 멀리서 온 사람들을 불러들여 만나 보는데 문 밖에서 한 사람도 기다리는 자가 없을 만큼 신속히 했다.

그는 항상 남들에게 이렇게 말했다.

"대우(大禹)는 성인이지만 마디만 한 짧은 시간도 몹시 아끼셨다. 그러니 우리 보통 사람으로서는 마디의 십분의 일밖에 되지 않는 한 푼(分)만 한 시간이라도 아껴야 할 것이다. 그런데 우리가 어찌 한시인들 편안히 놀고 거칠게 술이나 취해서, 살아서도 이 세상에 아무런 유익함이 없고, 죽어서도 뒷세상에 아무것도 남기지 않는단 말인가? 이것은 스스로 자기 몸을 버리는 것이 되느니라."

그의 부하 관리 중에 혹 쓸데없는 말과 장난으로 일을 소홀히 하는 자가 있었다. 이에 도간은 아랫사람에게 명하여 그들이 마시고 있는 술그릇과 쌍륙·장기 등을 가져다가 강물에 버리고 아전에게 매를 치면서 "쌍륙이나 장기는 돼지 먹이는 종들이나 하는 놀이이며, 노장(老莊)의 헛된 말들은 선왕(先王)의 법언(法言)이 아니니 행할 것이 못 된다. 군자는 그 의관을 바르게 하고 자기의 위의(威儀)를 조심해야 할 것이다. 어찌 머리를 어지럽히고 희망만 크게 해 가지고 저 스스로 크고 통달한다고 말하겠는가?"라고 말했다.

『채근담』에 보면 이런 명언이 있다.

"사치하는 사람은 돈이 아무리 많아도 모자란다. 그러니 차라리 검소한 사람이 가난해도 항상 여유 있게 사는 것만 하겠는가? 유능한 체하는 사람은 부지런히 일해도 남의 원한을 사기가 일쑤다. 그러니 차라리 서투른 사람이 편안히 있으면서 자기의 천진(天眞)을 지켜 나가는 것만 하겠는가?"

奢者(사자) 富而不足(부이부족) 何如儉者(하여검자) 貧而有餘(빈이유여) 能者(능자) 勞而有怨(노이유원) 何如拙者(하여졸자) 逸而全眞(일이전진)

"수레를 뒤집는 사나운 말이라도 잘 길들이면 부릴 수 있다. 또 다루기 힘든 강한 금도 잘 다루면 마침내 좋은 그릇을 만들 수 있다. 사람이 아무것도 하는 일 없이 놀기만 하고 분발하지 않으면 평생에 아무런 진보도 없다. 그 때문에 진백사(陳白沙)는 '사람이 되어 병이 많은 것은 부끄러운 일이 아니나 한평생 아무 병도 없는 것이 나의 근심이다.'라고 했으니, 이야말로 참으로 확실한 말이다."

泛駕之馬(봉가지마) 可就驅馳(가취구치) 躍冶之金(약이지금) 終歸型範(종귀형범) 只一優游不振(지일우유부진) 便終身無個(편종신무개) 進步(진보) 白沙云爲人多病未足羞(백사운위인다병미족수) 一生無病是吾憂(일생무병시오우) 眞確論也(진확논야)

"아무리 가난한 집이라도 깨끗이 청소하고, 아무리 가난한 집 여자라도 깨끗이 머리를 빗어라. 그러면 그 모양이 비록 아름답고 곱지는 못하더라도 그 기품은 저절로 우아해질 것이다. 그러므로 선비가 비록 한때 궁해서 근심스럽고 적막하다고 해도 어찌 스스로 자기 몸을 버리고 고치지 않겠는가?"

貧家淨拂地(빈가정불지) 貧女(빈녀) 淨梳頭(정소두) 景色(경색) 雖不艶麗(수불염려) 氣度自是風雅(기도자시풍야) 士君子(사군자) 一當窮愁寥落(일당궁수요락) 奈何輒自廢弛哉(내하첩자폐

이재)

　"자기 몸이 역경에 처해 있으면 그 몸의 주위는 모두 약이라, 자기도 모르는 사이에 절조와 행실이 저절로 닦인다. 이와 반대로 일이 순조로우면 눈앞에 있는 것이 모두 칼과 창이라, 기름을 녹이고 뼈가 깎여도 자기는 그것을 모르고 있다."

　居逆境中(거역경중) 周身(주신) 皆鍼砭藥石(개침폄약석) 砥節礪(지절려) 行而不覺(행이불각) 處順境內(처순경내) 眼前(안전) 盡兵刃戈矛(진병인과모) 銷膏靡骨而不知(소고미골이부지)

3
지신장(持身章)

학문을 하는 자는 반드시 자기 마음을 정성껏 가지고 올바른 도를 행해서 나아가야 한다. 그리고 세속의 자질구레한 잡된 일로 자기의 뜻을 어지럽혀서는 안 된다. 그런 뒤에라야 그 학문의 기초가 비로소 튼튼해지는 것이다.

그 때문에 공자는 "충성된 마음과 신용을 중심으로 삼으라."라고 말했다.

이것을 주자(朱子)[1]는 "사람이 충성과 신용이 없으면 무슨 일

---

[1] 남송(南宋)의 대유학자. 이름은 희(熹), 자는 원회(元晦), 호는 회암(晦庵). 주자학의 비조

이나 다 실상이 없고 거짓뿐이다. 사람이란 악한 일을 하기는 쉽고 착한 일을 하기는 어렵다. 그 때문에 반드시 충성된 마음과 신용을 중심으로 삼아야 한다. 이렇게 반드시 충성과 신용을 중심으로 해서 용맹스럽게 공부를 해 나간 뒤에라야 능히 성취하는 바가 있을 것이다."라고 해석했다.

또 황면재(黃免齋)²는 "그 심지를 진실하게 가진 뒤에 애써 공부를 하라" 했으니 이 두 가지 말은 모두 지극한 의미라 하겠다.

언제나 아침 일찍 일어나고 밤에는 일찍 자야 한다. 옷과 갓은 반드시 단정하게 하고 얼굴빛은 반드시 엄숙하게 가져야 한다. 손을 마주 잡고 반듯이 앉아 있을 것이며, 걸음걸이는 꼿꼿해야 한다. 말은 언제나 신중히 하고 한 번 움직이고 한 번 쉬는 것이라도 언제나 경솔하게 해서는 안 되며 또 구차하게 아무렇게나 지나쳐 버려서는 안 된다.

자기 몸과 마음을 가다듬고 수습하는 데는 구용(九容)보다 더 중요한 것이 없다. 또 학문을 진보시키고 지혜를 더하게 하는 데는 구사(九思)보다 더 소중한 것이 없다. 여기서 말한 구용이란 무엇인가?

---

2 주자의 사위로 이름은 간(幹), 자는 직경(直卿), 시호는 문숙(文肅)이다. 면재(勉齋) 선생이라고도 한다.

발은 무겁게 놀려야 한다.

이것은 경솔하게 움직이지 말라는 것이다. 그러나 만일 어른 앞에 불려 나갈 때는 여기에 구애받지 말아야 한다.

손은 공손히 놀려야 한다.

손을 아무렇게나 내버려 두지 말라는 말이다. 만일 아무 할 일이 없을 때는 마땅히 두 손을 한데 모으고 있을 것이며, 쓸데없이 움직이지 말아야 한다.

눈은 단정하게 떠야 한다.

눈을 정당하게 가지라는 말이다. 무엇을 쳐다볼 때는 동자를 바르게 뜨고 옆으로 흘겨보거나 곁눈질하지 말라는 말이다.

입은 다물고 있어야 한다.

말을 할 때나 음식을 먹을 때 외에는 입을 항상 오므리고 있으라는 말이다.

목소리는 조용하게 내야 한다.

언제나 목소리를 가다듬어 말하고 기침이나 하품 같은 잡된 소리는 내지 말라는 말이다.

머리는 곧게 세워야 한다.

머리를 바르게 하고 몸은 꼿꼿하게 해서, 한쪽으로 기울이거나 돌리고 있지 말아야 한다.

기운은 엄숙하게 가져야 한다.

조화롭고 부드럽게 숨 쉬고, 호흡하는 소리를 밖에 내서는 안 된다.

서 있을 때는 덕이 있어 보이도록 반듯하게 서야 한다.

가운데 서 있고 어디에 의지하지 않아 엄연히 덕이 있는 기상을 나타내라는 말이다.

얼굴빛은 씩씩하게 가져야 한다.

얼굴빛을 항상 정제하고 게으르거나 거만한 기색을 나타내지 말라는 말이다.

다음으로 구사란 무엇인가?

물건을 볼 때는 밝은 것을 생각하라.

보는 데 아무것도 가리는 것이 없으면 보지 못하는 것이 없다.

소리를 들을 때는 귀 밝은 것을 생각하라.

소리를 듣는 데 아무것도 막히는 것이 없으면 들리지 않는 소리가 없다.

얼굴빛은 온화한 것을 생각하라.

얼굴빛을 화평하게 하고 조금도 화를 내거나 사나운 기색을 보이지 말라는 말이다.

몸 모양은 공손한 것을 생각하라.

한 몸뚱이의 모습을 언제나 단정하고 씩씩하게 갖도록 하라는 말이다.

말할 때는 충성된 것을 생각하라.

한마디 말도 충성되지 못하고 신용 없는 것이 없도록 하라는 말이다.

일할 때는 공경함을 생각하라.

한 가지 일을 할 때는 무엇에나 공경하고 삼가지 않는 것이 없도록 하라는 말이다.

의심나는 일이 있으면 남에게 물을 것을 생각하라.

자기 마음에 의심이 나면 반드시 선각자를 찾아서 자기가 알지 못하는 것을 물어보고 아무런 부끄러움도 갖지 말라는 말이다.

화가 날 때는 어지러운 것을 생각하라.

마음을 자기 스스로 경계해서 이치로 타일러 이겨 참도록 하라는 말이다.

얻는 물건이 있거든 의리를 생각하라.

재물 앞에서는 반드시 의리를 따져서 분명히 하고, 이 의리에 맞는 연후라야 비로소 그 재물을 갖는다.

위에 말한 구용과 구사를 항상 마음속에 두고서 자기 몸을 살피고 한시라도 그대로 내버려 두지 말아야 한다. 자기가 거처하는 자리 옆에 이것을 써 붙여 놓고 때때로 이것을 눈여겨보도록 하라.

예(禮)가 아니면 눈으로 보지 말라. 예가 아니면 귀로 듣지 말라. 예가 아니면 입으로 말하지 말라. 예가 아니면 움직이지도 말라. 이 네 가지는 곧 자기 몸을 닦아 나가는 요점이다. 이 예와 예가 아닌 것에 대해서 처음 배우는 자는 분별하기 어려울 수 있다. 그러니 이것은 반드시 이치를 궁리해서 분명하게 알아야 한다. 그렇게 해서 자기가 아는 바를 힘써 행해 나가면 그 생각하는 것이 전체 예의의 반은 지나설 것이다.

학문을 한다는 것은 사람이 날마다 쓰고 일해 나가는 가운데 있는 것이다. 그 때문에 사람이 보통 거처할 때 행동을 공경히 하고, 일을 공손히 하며, 사람을 위해서 충성스럽게 하면 이것이 바로 학문을 한다고 말할 수 있는 것이다. 그러나 글을 읽는 사람은 이 이치를 밝히고자 해야 할 것이다.

의복은 화려하고 사치스러운 것을 입지 말고, 다만 추위를 막을 정도여야 한다. 음식은 달고 좋은 것을 고르지 말고, 다만 배고픈 것을 면하면 된다. 거처는 편안하고 안락한 것을 구하지 말고, 다만 병만 나지 않도록 하면 그만이다. 오직 학문하는 공력과 마음의 정당함과 위의(威儀)의 법에 대해서 날마다 힘쓰고 힘써서 자기가 스스로 만족한 체하지 말아야 한다.

자기 몸을 이겨 나가는 공부는 날마다 행동하는 일을 삼가는 것보다 더 소중한 것이 없다. 여기서 말하는 자기 몸이란 내 마음이 좋아하는 것이 천리(天理)에 맞지 않는 것을 말한다. 그러므로 반드시 내 마음을 반성하고 살펴서 내가 여색을 즐기지나 않는가, 이익을 좋아하지나 않는가, 명예를 탐내지나 않는가, 벼슬을 바라지나 않는가, 안일한 것을 희망하지나 않는가, 잔치하고 노는 것을 좋아하지나 않는가, 신기하고 볼 만한 물건을 갖고 싶어 하지나 않는가 알아보아야 한다.

이러한 백 가지 좋아하는 것 중에서 만일 한 가지라도 이치에 합당하지 않은 것이 있으면 이것을 모두 깨끗이 잘라 없애고, 한 오리 싹이나 한 가닥 줄기도 남기지 말아야 한다. 이렇게 한 뒤에라야 내 마음이 좋아하는 바가 비로소 올바른 의리에 놓이게 되므로 그대로 내버려 두어도 내 몸을 저절로 이기게 될 것이다.

말을 많이 하고 생각을 많이 하는 것이 가장 마음에 해로운 것이다. 그러니 일이 없을 때는 마땅히 조용히 앉아서 자기의 올바른 마음을 간직하도록 하고, 사람을 접대할 때는 자기가 할 말을 가려서 간단하게 하며, 또 자기가 말할 때가 된 뒤에야 말을 한다. 이렇게 하면 그 말이 간단하게 되지 않을 수 없으니, 말이 간단하다는 것이 바로 정당한 도이다.

선왕(先王)의 법복(法服)[3]이 아니면 감히 입지 말고, 선왕의 법언(法言)[4]이 아니면 감히 말하지 말며, 선왕의 덕행이 아니면 감히 행하지 않는 것이니, 이것이야말로 사람마다 자기 몸이 다하도록 자기 몸에서 떼지 말고 행해 나가야 할 것이다.

---

3   정해진 정식 의복
4   옳은 말. 도리에 맞는 말

학문을 하는 자는 한 곳으로 도를 행해 나갈 것이고, 밖에 있는 아무 물건도 이 틈을 타서 들어오지 못하게 해야 한다. 밖에 있는 물건 중 정당하지 못한 것은 일절 자기 마음속에 머물게 두지 말아야 한다. 시골의 사람들이 모인 자리에서 만일 바둑이나 장기, 그리고 저포(樗蒲)[5]판 등 노름을 벌였으면 이것을 눈으로 거들떠보지도 말고 못 본 체 돌아서야 한다. 또 창기들이 노래 부르고 춤추는 것을 만나면 반드시 피해 가야 한다. 만일 시골의 큰 연회 자리에서 어른이 억지로 머물러 있게 해서 피할 수가 없으면 하는 수 없이 그 자리에 있기는 하지만 그래도 자기의 용모를 정돈하고 마음을 밝게 가져서 그들의 간사스러운 소리나 어지러운 빛이 자기 몸에 관계되도록 하지 말아야 한다.

　잔치에서 술을 마시게 되어도 몹시 취하지는 말고, 오직 즐겁게 놀고 그칠 뿐이어야 한다. 모든 음식은 양에 맞도록 먹고, 자기 뜻에 만족하게 해서 자기 기운을 상하게 해서는 안 된다. 말하고 웃는 것은 마땅히 간결하고 신중하게 하고 시끄럽게 굴어서 절조에 지나치도록 해서는 안 된다. 또한 행동은 마땅히 침착하고 조용히 할 것이고, 너무 거칠고 경솔히 해서 그 올바른 모양을 잃어서는 안 된다.

5　옛날의 도박. 『진서(晉書)』에 보면 돼지 치는 자가 하던 놀이라고 했다.

무슨 일이 있을 때는 이치로 따져서 그 일에 응하고, 글을 읽을 때는 정성껏 그 이치를 궁리한다. 이 두 가지 일을 제외한 그 밖의 시간에는 조용히 앉아서 자기의 마음을 수습해 거두어서 조용하게 두어 시끄러운 생각이 없도록 하고, 똑똑하게 생각해서 어둡고 아무것도 모르는 실수가 없도록 해야 한다. 이른바 공경해서 속에 있는 마음을 바르게 한다는 말이 바로 이것이다.

마땅히 자기 몸과 마음을 바르게 해서 겉과 속이 한결같아 어두운 곳에 거처해도 밝은 곳에 있는 것처럼 하며, 혼자 있어도 여럿이 있는 때와 같이 한다. 이렇게 해서 이 마음이 마치 푸른 하늘과 흰 태양처럼 아무라도 쳐다볼 수 있도록 해야 한다.

항상 생각하기를, 의리 아닌 일을 한 가지 행하고 죄 없는 자를 한 사람 죽여 천하를 얻는다고 해도 나는 이것을 하지 않겠다는 마음을 가슴속에 두어야 한다.

공경하는 데 내 몸을 두어서 이것으로 행동의 근본을 세우고, 이치를 궁리해서 착한 일을 할 이치를 명확히 알고, 힘써 행해서 그 실지로 옳은 일을 실천하라. 이 세 가지 일이야말로 몸이 다하도록 해야 할 일인 것이다.

간사한 일을 생각지 말라. 그리고 무슨 일이든지 공경하라. 이 두 가지 글귀는 평생 사랑하고 써도 없어지지 않는 것이니 마땅히 이것을 벽에 써 붙이고 잠시라도 잊지 말아야 한다.

날마다 자주 자기 몸을 돌이켜 봐서 혹시 마음이 올바르지 않는 데 있지 않은가, 학문이 제자리걸음을 하고 있지 않는가, 행실에 힘을 쓰지 못하고 있지 않는가를 살핀다. 만일 이 세 가지 중에 한 가지라도 있으면 이것을 고칠 것이고, 없으면 더욱 힘써서 부지런히 하고 게을리하지 말아 자기 몸이 죽은 뒤에라야 그만둘 것이다.

持身章 第三

學者는 必誠心向道하고 不以世俗雜事로 亂其志然後에

爲學에 有其址라 故로 夫子曰 主忠信이라 하시니 朱子

釋之曰 人不忠信이면 事皆無實하여 爲惡則易하고

爲善則難이라 故로 必以是爲主焉이니 必以忠信爲主하여

而勇下工夫然後에 能有所成就니라 黃勉齋

所謂眞實心地하고 刻苦工夫 兩言에 盡之矣니라

常須夙興夜寐하여 衣冠必正하고 容色必肅하며

拱手危坐하고 行步安詳하며 言語愼重하여 一動一靜을

^{불가경홀} ^{구차방과}
不可輕忽하고 苟且放過니라

^{수렴신심} ^{막절어구용} ^{진학익지} ^{막절어구사}
收斂身心엔 莫切於九容이요 進學益智엔 莫切於九思니

^{소위구용자} ^{족용중 불경거야} ^{약추우존 장지전즉}
所謂九容者는 足容重(不經擧也라 若趨于尊 長之前則

^{불가구차} ^{수용공 수무만이} ^{무사}
不可拘此라)하며 手容恭(手無慢弛하고 無事하면

^{즉당단공} ^{불망동} ^{목용단 정기안첩}
則當端拱하고 不妄動)하며 目容端(定其眼睫하여

^{시첨당정} ^{불가유면사제} ^{구용지 비언어음식지시}
視瞻當正이요 不可流眄邪睇)하며 口容止(非言語飮食之時면

^{즉구상부동} ^{성용정 당정섭형기요}
則口常不動)하며 聲容靜(當整攝形氣요

^{불가출얼해등잡성} ^{두용직 당정두직신}
不可出噦咳等雜聲)하며 頭容直(當正頭直身이요

^{불가경회편의} ^{기용숙 당조화비식}
不可傾回偏倚)하여 氣容肅(當調和鼻息이요

^{불가사유성기} ^{입용덕 중립불의}
不可使有聲氣)하며 立容德(中立不倚하여

^{엄연유덕지기상} ^{색용장 안색 정제}
儼然有德之氣像)하며 色容莊(顏色이 整齊하며

^{무태만지기}
無怠慢之氣)이니라

^{소위구사자} ^{시사명 시무소폐 즉명무불견}
所謂九思者는 視思明(視無所蔽면 則明無不見)하며

^{청사총 청무소옹 즉총무불문 색사온 용색화서}
聽思聰(聽無所壅이면 則聰無不聞)하며 色思溫(容色和舒면

^{무분려지기 모사공 일신의형 무불단장}
無忿厲之氣)하며 貌思恭(一身儀形을 無不端莊)하며

^{언사충 일언지발 무불충신 사사경 일사지작}
言思忠(一言之發이 無不忠信)하며 事思敬(一事之作을

無不敬愼)하며 疑思問(有疑于心이면 必就先覺審問하고

不知不措)하며 忿思難(有忿必懲하고 以理自勝)하며

見得思義(臨財에 必明義利之辨하여 合義然後에 取之)니

常以九容九思로 存於心하여 而檢其身이요 不可頃刻放捨요

且書諸座隅하고 時時寓目이니라

非禮勿視하며 非禮勿聽하며 非禮勿言하며

非禮勿動이니 四者는 修身之要也라 禮與非禮는

初學難辨이니 必須窮理하여 而明之요 但於已知處에

力行之면 則思過半矣니라

爲學엔 在於日用行事之間이니 若於平居에 居處恭하며

執事敬이요 與人忠이면 則是明爲學이니 讀書者는

欲明此理而已니라

衣服은 不可華侈요 禦寒而已며 飮食은 不可甘美요

救飢而已며 居處는 不可安泰요 不病而已니

惟是學問之功과 心術之正과 威儀之則에 則一勉勉하여

而不可自足也니라

克己工夫는 最切於日用이니 所謂已者는 吾心所好

不合天理之謂也니 必須檢察吾心의 好色乎아 好利乎아

好名譽乎아 好仕宦乎아 好安逸乎아 好宴樂乎아 好珍玩乎아

凡百所好면 若不合理 則一切痛斷하여 不留苗脉然後에

吾心所好 始在於義理하여 而無已可克矣니라

多言多慮면 最害心術이요 無事면 則當靜坐存心하며

接人엔 則當擇言簡重하며 時然後言이면 則言不得不簡이니

言簡者近道니라

非先王之法服이면 不敢服하고 非先王之法言이면

不敢道하며 非先王之德行이면 不敢行이니

此當終身服膺者也니라

爲學者는 一味向道요 不可爲外物所勝과

外物之不正者는 當一切不留於心이요 鄕人會處에

若設博奕樗蒲等戲어던 則當不寓目하고 浚巡引退요

若遇娼妓作歌舞어던 則必須避去니라 如値鄕中大會하여

或尊長이 强留不能避退어던 則雖在座라도 而整容淸心이요

불가사간성난색　　유간어아
不可使奸聲亂色으로 有干於我니라

당연음주　　불가침취　협흡이지 가야
當宴飲酒엔 不可沉醉요 浹洽而止 可也니라

범음식　　당적중　　불가쾌의　　유상호기　　언소
凡飲食하면 當適中이요 不可快意하여 有傷乎氣니라 言笑엔

당간중　　불가훤화　　이과기절　　동지　당안상
當簡重이요 不可喧譁하여 以過其節이며 動止엔 當安詳이요

불가조솔　　이실기의
不可粗率하여 以失其儀니라

유사　　즉이리응사　　독서　　즉이성궁리
有事엔 則以理應事요 讀書엔 則以誠窮理니

제이자외　　　정좌 수렴차심　　　사적적무분기지념
除二者外에는 靜坐 收斂此心하여 使寂寂無紛起之念하고

성성무혼매지실　가야　　소위경이직내자여차
惺惺無昏昧之失이 可也니라 所謂敬以直內者如此니라

당정신심　　표리여일　　처유여현　　처독여중
當正身心하여 表裏如一하고 處幽如顯하고 處獨如衆하여

사차심　　여청천백일　인득이견지
使此心으로 如靑天白日을 人得而見之니라

상이행일불의　　살일불고　　이득천하
常以行一不義하고 殺一不辜하여 而得天下라도

불위저의사　존저흉중　거경 이입근본　궁리
不爲底意思를 存諸胸中하여 居敬 以立根本하고 窮理

이명호선　　역행 이천기실　　삼자　종신사업야
以明乎善하고 力行 以踐其實이니 三者는 終身事業也니라

사무사　무불경　지차이구　일생수용부진
思無邪하고 毋不敬이니 只此二句는 一生受用不盡이니

당게저벽상　　수유불가망야
當揭諸壁上하여 須臾不可忘也니라

매일 빈자점검 심부존호　학부진호　행불력호
每日 頻自點檢 心不存乎아 學不進乎아 行不力乎아 하여

유 즉 개 지　　　무 즉 가 면　　　자 자 무 태　　　폐 이 후 이
有則改之하고 無則加勉하여 孜孜無怠하여 斃而後已니라

[해설]

이 「지신장」에서는 자기 몸을 가지는 데 필요한 항목을 말한다. 몸을 올바로 갖는다는 것은 입지(立志) 못지않게 중요한 일이다. 아니 오히려 입지보다도 그 결과가 더욱 중요한 것일지도 모른다.

　그러면 자기 몸을 올바로 가지는 데 제일 중요한 것은 한마디로 무엇일까? 공자는 "충성된 마음과 신용을 중심으로 삼으라(主忠信)."라고 했고, 증자는 이 말을 풀어서 다음과 같이 말했다. "사람이 충성과 신용이 없으면 무슨 일이나 다 실상이 없고 거짓뿐이다. 사람이란 악한 일을 하기는 쉽고 착한 일을 하기는 어렵다. 그 때문에 반드시 충성된 마음과 신용을 중심으로 삼아야 한다. 이렇게 반드시 충성과 신용을 중심으로 해서 용맹스럽게 공부를 해 나간 뒤에라야 능히 성취하는 바가 있을 것이다."

　다음으로 이 「지신장」에서는 구용(九容)·구사(九思)를 비롯하여 사물(四物), 즉 네 가지 하지 말 일과 칠호(七好), 즉 일곱 가지 좋아해서는 안 될 행동 등을 구체적으로 설명하고 있다.

　다음은 소강절(邵康節)[6]이 그 자손을 경계한 글이다.

"상품(上品)의 사람은 가르치지 않아도 착하고, 중품(中品)의 사람은 가르친 뒤에 착해지고, 하품(下品)의 사람은 가르쳐도 착해지지 않는다. 가르치지 않아도 착한 사람이 성인이 아니고 무엇이며, 가르친 뒤에 착한 사람이 어진 이가 아니고 무엇이며, 가르쳐도 착해지지 않는 사람이 어리석은 자가 아니고 무엇이랴. 이것으로 보건대 착한 것은 길한 것을 말함이요, 착하지 못한 것은 흉한 것을 말함이다. 길한 자는 눈으로는 예가 아닌 빛을 보지 않으며, 귀로는 예가 아닌 소리를 듣지 않으며, 입으로는 예가 아닌 말을 하지 않고, 발로는 예가 아닌 땅을 밟지 않는다. 그래서 사람이 착하지 않으면 사귀지 않고 물건이 옳은 것이 아니면 취하지 않는다. 어진 사람을 친히 하기를 마치 지초[芝]나 난초 있는 곳에 나가는 것처럼 좋아하고, 악한 것을 피하기를 마치 뱀이나 지네처럼 두려워한다. 이렇게 하는 사람은 그 누가 혹시 길한 사람이 아니라고 말한대도 나는 그 말을 믿지 않겠다."

上品之人(상품지인) 不敎而善(불교이선) 中品之人(중품지인) 敎而後善(교이후선) 下品之人(하품지인) 敎亦不善(교역불선) 不敎而善(불교이선) 非聖而何(비성이하) 敎而後善(교이후선) 非賢而何(비현이하) 敎亦不善(교역불선) 非愚而何(비우이하) 是知先

---

6 송대의 학자. 이름은 옹(雍), 자는 요부(堯夫)이며 강절은 시호다.

也者(시지선야자) 吉之謂也(길지위야) 不善也者(불선야자) 兇之謂也(흉지위야) 吉也者(길야자) 目不觀非禮之色(목불관비예지색) 耳不聽非禮之聲(이불청비례지성) 口不道非禮之言(구부도비례지언) 足不踐非禮之地(족불천비례지지) 人非善不交(인비선불교) 物非義不取(물비의불취) 親賢(친현) 如就芝蘭(여취지란) 避惡(피악) 如畏蛇蝎(여외사갈) 或曰(혹왈) 不謂之吉人(불위지길인) 則吾不信也(즉오불신야)

역시 소강절의 말이다.

"흉한 자의 말은 간사하고 거짓스러우며 그 행동은 음특하고 위험하다. 이익을 좋아하여 그른 것도 옳다고 가장하며 음탕한 것을 탐하고 재화를 즐긴다. 어질고 착한 사람을 원수처럼 미워하고 법을 범하기를 마치 맛있는 음식 먹듯이 한다. 이런 자는 적게는 자기 몸을 망치고 목숨을 잃으며, 크게는 자기 일가를 망치고 자손까지 끊어 버린다. 이런 사람은 남들이 혹 흉한 사람이 아니라고 해도 나는 그 말을 믿지 않으리라. 전(傳)에 이런 말이 있다. 길한 사람은 착한 일을 해도 오히려 날마다 이것을 부족하게 여기고, 이와 반대로 흉한 사람은 착하지 않은 일을 해도 역시 날마다 이것을 부족하게 여긴다. 그러하니 너희들은 길한 사람이 되겠는가, 흉한 사람이 되겠는가?"

凶也者(흉야자) 語言(어언) 詭譎動止(궤적동지) 陰險(음험) 好利飾非(호리식비) 貪淫樂禍(탐음낙화) 疾良善如讎隙(질량선여수극) 犯刑憲如飮食(범형헌여음식) 小則隕身滅性(소즉운신멸성) 大則覆宗絶嗣(대즉복종절사) 或曰(혹왈) 不謂之凶人(불위지흉인) 則吾不信也(즉오불신야) 傳有之曰(전유지왈) 吉人(길인) 爲善(위선) 惟日不足(유일부족) 凶人(흉인) 爲不善(위불선) 亦惟日不足(역유일부족) 汝等(여등) 欲爲吉人乎(욕위길인호) 欲爲凶人乎(욕위흉인호)

다음은 도가에서 받들며 신이라고 말하는 자허원군(紫虛元君)의 「성유심문(誠諭心文)」을 살펴보자.

"복은 깨끗하고 검소한 데서 생긴다. 덕은 자기 몸을 낮추고 겸손하게 행동하는 데서 생긴다. 도는 편안하고 고요한 데서 생기고, 생명은 화평하고 마음을 밝게 갖는 데서 생긴다. 또 근심이란 쓸데없는 욕심을 많이 부리는 데서 생긴다. 또 화는 부질없이 재물을 몹시 탐내는 데서 생긴다. 과실은 경솔하고 몸을 거만하게 갖는 데서 생기고, 죄는 모든 어질지 못한 데서 생기는 것이다. 그러니 자기 눈을 경계해서 남이 잘못하는 것을 보지 말게하고, 입을 경계해서 남의 단점을 말하지 못하게 해야 한다. 또 마음을 경계해서 재물을 탐하거나 공연히 성내지 않도록 하고,

몸을 경계해서 나쁜 친구를 따라다니지 않도록 하라."

福生於淸儉(복생어청검) 德生於卑退(덕생어비퇴) 道生於安
靜(도생어안정) 命生於和暢(명생어화창) 患生於多慾(환생어다욕)
禍生於多貪(화생어다탐) 過生於輕漫(과생어경만) 罪生於不仁
(죄생어불인) 戒眼(계안) 莫看他非(막간타비) 戒口(계구) 莫談他
短(막담타단) 戒心(계심) 莫自貪嗔(막자탐진) 戒身(계신) 莫隨惡
拌(막수악반)

자허원군의 말을 더 살펴보자.

"아무런 이로움이 없는 말을 쓸데없이 지껄이지 말고, 자기에
게 관계없는 말을 함부로 하지 말라. 임금이나 뭇사람을 공경하
고 부모에게 효도하라. 어른을 공경하고 덕이 있는 이를 잘 받들
라. 어진 사람과 어리석은 사람을 분별할 줄 알아야 하고 무식한
사람은 모든 일을 용서해 주어야 한다.

무슨 물건이 순리로 자기에게 오거든 그것을 막지 말고, 물건
이 이미 나에게서 가 버렸거든 좇으려고 애쓰지 말라. 자기 몸
이 남들에게 대우를 받지 못한다 해서 이것을 억지로 바라지 말
고, 무슨 일이나 이왕 지나가 버렸거든 이것을 생각할 것이 없
다. 총명한 사람도 때로는 어둡고 실수할 때가 있는 것이고, 또
아무리 올바르게 세운 계획이라도 어쩌다가 보면 잘못되는 수

가 있게 마련이다. 남에게 손해를 보이려다가 마침내는 자기 자신이 손해를 보는 수도 있고, 너무 세력에만 의존하면 화가 내 몸을 따라오는 수도 있다. 마음으로 모든 것을 경계하고 자기 기운으로 이것을 지켜야 한다. 언제나 절약하지 않기 때문에 집이 망하는 법이고, 청렴하지 못하기 때문에 자기의 지위를 잃게 되는 것이다."

無益之言(무익지언) 莫妄說(막망설) 不干己事(불간기사) 莫妄爲(막망위) 專君王孝父母(전군왕효부모) 敬尊長奉有德(경존장봉유덕) 別賢愚恕無識(별현우서무식) 物順來而勿拒(물순래이물거) 物旣去而勿進(물기거이물진) 身未遇而勿望(신미우이물망) 事己過而勿思(사기과이물사) 聰明(총명) 多暗昧(다암매) 算計(산계) 便失宜(편실의) 損人終自失(손인종자실) 倚勢禍自隨(의세화자수) 戒之在心(계지재심) 守之在氣(수지재기) 爲不節而亡家(위부절이망가) 人不廉而失位(인불렴이실위)

끝으로 자허원군은 이렇게 이 글을 결론지었다.

"그대에게 평생 경계할 일을 전하노니, 모든 일을 스스로 생각하고 스스로 보살피도록 하라. 위에서는 하늘의 거울이 내려다보고 있으며, 아래에서는 땅의 신령이 언제나 살피고 있다. 밝은 이 세상에는 임금의 법이 계승되어 시행되고 있으며, 죽어 저세상에 가도 귀신이 따라다니면서 살피고 있을 것이다. 그러니 오직 바른 것을 지켜서 자기 마음을 속이지 말 것이니 경계하고 또 경계하라."

勸君自警於平生(권군자경어평생) 可歎可警而可思(가탄가경이가사) 上臨之以天鑑(상림지이천감) 下察之以地祇(하찰지이지지) 明有王法相繼(명유왕법상계) 暗有鬼神相隨(암유귀신상수) 唯正可守(유정가수) 心不可欺(심불가기) 戒之戒之(계지계지)

다음은 공자와 그 제자 자장(子張)의 대화 한 토막을 여기에 옮겨 보기로 한다.

어느 날 자장이 공자의 곁을 떠나 잠시 외유하려고 뵈러 들어갔다가 공자께 물었다.

"원컨대 몸을 닦는 요점을 한마디로 말씀해 주십시오."

여기에 공자는 대답했다.

"백 가지 모든 행동의 근본은 참는 것이 제일이니라."

자장은 다시 물었다.

"어떻게 참아야 합니까? 자세히 말씀해 주십시오."

공자가 다시 대답했다.

"천자가 일을 참으면 온 국가에 해로움이 없을 것이고, 제후가 참으면 자기가 다스리는 땅이 커질 것이다. 관리가 참으면 자기

지위가 올라갈 것이고, 형제간에 참으면 그 집이 부귀를 누릴 것이고, 부부간에 서로 참으면 일생을 함께 해로할 것이다. 친구끼리 서로 참으면 상대방의 명예를 떨어뜨리지 않을 것이고, 자신이 혼자서 참으면 화가 없을 것이다."

자장은 또다시 물었다.

"그러면 만일 참지 않을 때는 어떻게 됩니까?"

공자는 이에 이렇게 대답했다.

"천자의 몸으로서 만일 참지 않는다면 온 나라 안이 빈터가 될 것이고, 제후가 참지 않으면 자기 몸뚱이까지 없어질 것이다. 관리의 신분으로서 참지 않는다면 매사가 법에 걸려 죽게 될 것이고, 형제끼리 참지 않는다면 그들은 각각 헤어져서 살게 될 것이며, 부부간에 서로 참지 않는다면 자식까지도 외롭게 만들 것이다. 또 친구간에 서로 참지 않는다면 정의가 소홀해질 것이고, 자기 자신이 참지 않는다면 항상 근심이 없어지지 않을 것이다."

이에 자장은 감탄해서 말했다.

"참 좋으신 말씀이십니다. 참는 것이란 참으로 어렵고도 또 어려운 일이더군요. 그러하오니 실로 사람이 아니고서는 참지 못할 것이고, 또한 참지 않는다면 그것은 사람이라고도 말할 수 없겠습니다."

다음은 끝으로 『채근담』에 있는 명구 하나를 더 옮겨 보기로 하자.

"부귀와 명예가 도덕으로부터 왔다면 그것은 마치 산 속 숲 가운데 핀 꽃과도 같아서 저절로 잎이 피고 뿌리가 뻗어 나갈 것이다. 또 부귀와 명예가 만일 공업(功業)으로부터 왔다면 마치 화분 속에 심어 놓은 꽃과도 같아서 이리저리 옮기기도 하고 또는 심어 가꾸기도 하며 뽑아 없앨 수도 있다. 만일 부귀와 명예가 권력으로 얻은 것이라면 그것은 마치 화병에 꺾어다 꽂은 꽃과 같아서 그 뿌리가 없으니 서서 기다릴 정도로 금방 시들 것이다."

富貴名譽(부귀명예) 自道德來者(자도덕래자) 如山林中花(여산림중화) 自足舒舒繁衍(자족서서번연) 自功業來者(자공업래자) 如盆檻中花(여분람중화) 便有遷徙廢興(편유천사폐흥) 若以權力得者(약이권력득자) 如瓶鉢中花(여병발중화) 其根不植(기근불식) 其萎可立而待矣(기위가립이대의)

4
독서장(讀書章)

배우는 사람은 항상 이런 마음을 가지고 다른 사물이 빈틈을 타고 침입해 들어가지 못하게 해야 한다. 그리하여 반드시 이치를 궁리하고 착한 것을 밝힌 뒤에라야 자기가 마땅히 행해야 할 도가 뚜렷하게 앞에 있는 것 같아서 진보해 나갈 수 있는 것이다. 그러므로 이 도에 들어가려면 먼저 이치를 궁리해야 하고, 이 이치를 궁리하려면 먼저 글을 읽어야 한다. 왜냐하면 성현들이 마음 쓴 자취와 착한 일을 본받는 것과 악한 일을 경계한 것들이 모두 이 글 속에 있기 때문이다.

대체로 글을 읽는 자는 반드시 단정하게 손을 마주 잡고 반듯하게 앉아서 공손히 책을 펴 놓고 마음을 오로지하고 뜻을 모아

정밀하게 생각하고, 오래 읽어 그 행할 일을 깊이 생각해야 한
다. 이렇게 해서 그 글의 의미와 뜻을 깊이 터득하고 글 구절마
다 반드시 자기가 실천할 방법을 구해 본다. 만일 이렇게 하지
않고 입으로만 글을 읽을 뿐 자기 마음으로는 이를 본받지 않고,
또 몸으로 행하지 않는다면 책은 책대로 있고 나는 나대로 따로
있을 뿐이니 무슨 유익함이 있겠는가?

먼저 『소학(小學)』을 읽어 부모를 섬기는 일에서부터 시작하
여 형을 공경하는 것, 임금을 충성으로 섬기는 것, 어른을 공경
하는 것, 스승을 높이 받드는 것, 친구와 사귀는 도리 등을 일일
이 배워서 힘써 행한다.

다음으로 『대학(大學)』을 읽어 이치를 궁리하고 마음을 바르
게 하고, 자기 몸을 닦고, 사람을 다스리는 도리 등을 일일이 참
되게 알아서 이를 실천한다.

다음으로 『논어(論語)』를 읽어 어진 것을 구하여 자기 몸을 위
하는 것과 근본된 성품을 길러 나가는 공을 일일이 정밀하게 생
각해서 깊이 그것을 체험한다.

다음으로 『맹자(孟子)』를 읽어 의리와 이익을 분별하고, 사람
의 욕심을 막고, 하늘의 이치에 관한 학설을 일일이 밝게 살펴
이를 확대하여 마음속에 가득 채워 나간다.

다음으로 『중용(中庸)』을 읽어 성정의 덕과 옳은 길로 미루어

나가는 공과 만물이 육성되는 묘한 이치를 일일이 알아서 얻는 것이 있게 한다.

다음으로 『시경(詩經)』을 읽어 성정의 간사하고 바른 것과, 착한 것을 권장하고 악한 것을 경계하는 일들을 일일이 조용히 해석해서 마음이 저절로 감동해 행동으로 옮겨 나간다.

다음으로 『예경(禮經)』을 읽어 하늘의 이치가 규정된 글과 행하는 규칙의 법도를 일일이 강구해서 마음속에 세운다.

다음으로 『서경(書經)』을 읽어 이제(二帝)[1]와 삼왕(三王)[2]이 천하를 다스린 원리 원칙을 일일이 터득하여 그 근본을 거슬러 생각한다.

다음으로 『역경(易經)』을 읽어 사람의 길흉·존망·진퇴·성쇠의 기미를 일일이 보아서 궁리하고 연구한다.

다음으로 『춘추(春秋)』를 읽어 성인들이 착한 이를 상 주고 악한 이를 벌한 것이며, 잘못하는 일을 억제하고 잘하는 일을 드날려 준 것과, 모든 일을 조종하는 그 자세한 말과 깊은 뜻들을 일일이 정밀하게 연구해서 크게 깨닫는다.

---

1 요(堯)와 순(舜)

2 하(夏)나라의 우왕(禹王), 은(殷)나라의 탕왕(湯王), 주(周)나라의 문왕(文王)과 무왕(武王)

이렇게 오서(五書)[3]와 오경(五經)[4]을 골고루 자세히 읽어 그 사리를 깨달아 의리가 날로 더욱 밝아지게 해야 한다. 그렇게 한 뒤에 다시 송나라 선현이 저술한 『근사록(近思錄)』[5]·『가례(家禮)』[6]·『심경(心經)』[7]·『이정전서(二程全書)』[8]·『주자대전(朱子大全)』[9]·『어류(語類)』[10] 등의 글과 또 그 밖의 다른 성리(性理)의 학설도 마땅히 간간이 정밀하게 읽어 의리가 항상 내 마음속에 스며들어 한 시간도 끊임이 없도록 해야 한다.

이렇게 한 연후에 남는 힘이 있으면 또한 역사서를 읽어서 고금의 역사에 통하고 일의 변하는 이치에 통달해서 자기의 식견을 길러 나가야 한다. 그러나 만일 이단으로서 잡되고 바르지 못한 글은 잠깐이라도 보아서는 안 된다.

---

3 『소학(小學)』·『대학(大學)』·『중용(中庸)』·『논어(論語)』·『맹자(孟子)』

4 『역경(易經)』·『서경(書經)』·『시경(詩經)』·『예기(禮記)』·『춘추(春秋)』

5 송(宋)나라 때 주자(朱子)와 그의 제자 여조겸(呂祖謙)이 지은 책. 주무숙(周茂叔)·정명도(程明道)·정이천(程伊川)·장횡거(張橫渠) 등이 쓴 책들과 어록 속에서 백여 조목을 뽑은 것

6 『주자가례(朱子家禮)』. 가례에 관한 주자의 학설을 담은 책

7 송나라 진덕수(眞德秀)가 지은 책. 성현들의 마음을 의논한 말을 모아서 여러 유자들의 의논으로 여기에 주해를 달았다.

8 송나라의 정명도·정이천이 지은 책으로 두 가지가 전한다.

9 주자의 시문을 모아 엮은 책으로 모두 백 권이나 된다.

10 『주자어류(朱子語類)』. 주자가 제자들의 질문에 답한 어록 모음집

대체로 글을 읽는 데는 반드시 한 가지 책을 익히 읽어서 그 의리와 뜻을 모두 깨달아 통달하고 의심이 사라진 연후에라야 비로소 다른 책을 읽을 것이고, 여러 가지 책을 탐내서 이것저것을 얻으려고 바쁘고 분주하게 섭렵해서는 안 된다.

讀書章 第四
독서장 제사

學者는 尙存此心하여 不被事物所勝이니
학자   상존차심   불피사물소승

而必須窮理明善然後에 當行之道 曉然在前하여
이필수궁리명선연후   당행지도 효연재전

可而進步라 故로 入道엔 莫先於窮理요 窮理엔 莫先乎讀書니
가이진보   고   입도   막선어궁리   궁리   막선호독서

以聖賢用心之跡과 及善惡之可效可戒者 皆在於書故也니라
이성현용심지적과 급선악지가효가계자 개재어서고야

凡讀書者는 必端拱危坐하여 敬對方冊하고 專心致志하여
범독서자   필단공위좌   경대방책   전심치지

精思涵泳(涵泳者는 熟讀 深思之謂)하고 深解義趣하여
정사함영 함영자   숙독 심사지위   심해의취

而每句를 必求踐履之方이니 若口讀而心不體하고 身不幸이면
이매구   필구천리지방   약구독이심불체   신불행

則書自書 我自我니 何益之有리요 先讀小學하여 於事親 敬兄
즉서자서 아자아   하익지유   선독소학   어사친 경형

忠君 弟長 隆師 親友之道에 一一詳玩하여 而力行之니라
충군 제장 융사 친우지도   일일상완   이역행지

次讀大學及或問하여 於窮理 正心 修己 治人之道에
차독대학급혹문   이궁리 정심 수기 치인지도

일일진지　　　　이실천지
一一眞知하여 而實踐之니라

　　차독논어　　　어구인 위기 함양본원지공　　일일정사
　　次讀論語하여 於求仁 爲己 涵養本原之功에 一一精思하여
이심체지
而深體之니라

　　차독맹자　　　어명변의리 알인욕 존천리지설
　　次讀孟子하여 於明辨義利 遏人慾 存天理之說에
일일명찰　　　이확충지
一一明察하여 而擴充之니라

　　차독중용　　　어성정지덕　　추치지공　　위육지묘
　　次讀中庸하여 於性情之德과 推致之功과 位育之妙를
일일완색　　　이유득언
一一玩索하여 而有得焉이라

　　차독시경　　　어성정지사정　　선악지포계　　일일잠역
　　次讀詩經하여 於性情之邪正과 善惡之褒戒를 一一潛繹하여
감발이징창지
感發而懲創之니라

　　차독예경　　　어천리지절문　　의칙지도수　　일일강구
　　次讀禮經하여 於天理之節文과 儀則之度數에 一一講究하여
이유입언
而有立焉이니라

　　차독서경　　　어이제삼왕 치천하지대경대법
　　次讀書經하여 於二帝三王 治天下之大經大法에
일일영요　　　이소본언
一一領要하여 而遡本焉이니라

　　차독역경　　　어길흉 존망　　진퇴 소장지기
　　次讀易經하여 於吉凶 存亡과 進退 消長之幾에
일일관완　　　이궁연언
一一觀玩하여 而窮研焉이니라

　　차독춘추　　　어성인　　상선 벌악 억양 조종지미사오의
　　次讀春秋하여 於聖人의 賞善 罰惡 抑揚 操縱之微辭奧義를

^{일 일 정 연} ^{이 계 오 언}
一一精研하여 而契悟焉이니라

^{오 서 오 경} ^{순 환 숙 독} ^{이 회 불 이} ^{사 의 리 일 명}
五書五經 循環熟讀하고 理會不已하여 使義理 日明하고

^{이 송 지 선 정 소 저 지 서} ^{여 근 사 록 가 례 심 경 이 정 전 서}
而宋之先正所著之書의 如近思錄 家禮 心經 二程全書

^{주 자 대 전 어 류} ^{급 타 성 리 지 설} ^{의 간 간 정 독} ^{사 의 리}
朱子大全 語類와 及他性理之說을 宜間間精讀하여 使義埋요

^{상 상 침 관 오 심} ^{무 시 간 단} ^{이 여 력} ^{역 독 사 서}
常常浸灌吾心하여 無時間斷이요 而餘力으로 亦讀史書하여

^{통 고 금 달 사 변} ^{이 장 식 견} ^{약 이 단 잡 류 부 정 지 서}
通古今 達事變하여 以長識見이요 若異端雜類 不正之書는

^{즉 불 가 경 각 피 열 야}
則不可頃刻披閱也니라

^{범 독 서} ^{필 숙 독 일 책} ^{진 효 의 취} ^{관 통 무 의 연 후}
凡讀書엔 必熟讀一冊하여 盡曉義趣하여 貫通無疑然後에

^{급 개 독 타 서} ^{불 가 탐 다 무 득} ^{망 박 섭 렵 야}
及改讀他書요 不可貪多務得하여 忙迫涉獵也니라

[해설]

글을 읽는 것이 얼마나 중요한 일인가? 학문을 한다는 것이 얼마나 소중한 일인가? 일찍이 공자는 학문을 권하는 말에서 이렇게 말했다.

"사람이 넓게 배워서 뜻을 두텁게 하며 절실하게 질문하고 가깝게 생각하면 모든 어진 행동이 자연 그 속에 있는 것이다."

博學而篤志(박학이독지) 切問而近思(절문이근사) 仁在其中矣
(인재기중의)

주희는 또 학문을 전하는 글에서 이렇게 말했다.

"자기 집이 아무리 가난할지라도 가난 때문에 학문을 폐할 수는 없다. 또 이와 반대로 자기 집이 아무리 부자일지라도 이 부자인 것을 믿고 학문을 게을리해서는 안 된다. 가난해도 학업에 부지런해야만 자기 몸을 일으킬 수 있고, 부자로 살면서도 학업에 부지런해야만 자기 몸을 일으킬 수 있고, 부자로 살면서도 학업에 부지런하면 이름이 빛나는 것이다. 내가 볼 적에는 배우는 자만이 이름이 나타나 잘 살게 되고, 배우지 못한 자는 끝내 아무것도 이루지 못한다. 그러므로 학문이란 바로 자기 몸을 빛내주는 보배요, 이 세상에서 가장 보배로운 것이다. 이 때문에 배우면 비로소 군자가 되고 배우지 않으면 소인이 되는 것이니, 이 뒷세상에 학업을 일삼는 자들은 마땅히 여기에 힘써야 한다."

家若貧(가약빈) 不可因貧而廢學(불가인빈이폐학) 家若富(가약부) 不可恃富而怠學(불가시부이태학) 貧若勤學(빈약근학) 可以立身(가이입신) 富若勤學(부약근학) 名乃光榮(명내광영) 惟見學者顯達(유견학자현달) 不見學者無成(불견학자무성) 學者(학자) 乃身之寶(내신지보) 學者(학자) 乃世之珍(내세지진) 是故(시고)

學則乃爲君子(학즉내위군자) 不學則爲小人(불학즉위소인) 後之
學者宜各勉之(후지학자의각면지)

이 글들을 보면 자기 몸을 일으키고 이름을 빛내고 또 나아가
서 군자가 되는 길은 오직 학문에 있다. 학문을 하지 않고 자기
몸을 일으킨 자가 없듯이 학문을 외면하고서 이름이 빛나고 군
자가 되었다는 말은 일찍이 들은 일이 없다.

다음으로 장자의 말은 어떠한가? 그는 역시 학문을 전하는 말
에서 이렇게 말했다.

"사람이 학문을 하지 않는 것은 마치 아무런 재주도 없이 하늘
에 올라가려고 하는 것과 마찬가지다. 또 사람이 공부를 해서 지
혜가 높아지면 이것은 마치 상서로운 구름을 헤치고 저 푸른 하
늘을 보는 것과도 같고 또 높은 산마루에 올라가서 온 천하를 눈
아래에 굽어보는 것과도 같은 상쾌한 기분이다."

人之不學(인지불학) 如登天而無術(여등천이무술) 學而智遠(학
이지원) 如披祥雲而睹靑天(여피상운이도청천) 登高山而望四海
(등고산이망사해)

아무리 제가 재주가 있는 듯이 날뛰고 잘난 체 뽐내 봐도 이것
은 소용없는 이야기다. 이것은 아무런 꾀도 기술도 없으면서 저

드높은 하늘에 올라가 본다는 허세를 부리는 것과 전혀 다르지 않다. 이와 반대로 사람이 학문을 쌓아 지혜가 원대해지면 그다음에 나타나는 현상은 어떠한 것인가?

중천에 있는 구름을 해치고 푸른 하늘을 바라보는 그 기분, 사람이 오르지 못하는 높다란 산마루에 올라서서 사해를 굽어보는 기분처럼 상쾌한 것이라고 장자는 말한 것이다.

다음으로 나는 여기서 권학문(勸學文) 몇 구절을 더 인용해서 보충하려고 한다.

송(宋)나라 진종(眞宗)의 권학문은 이러하다.

"집을 부유하게 하려면 좋은 밭 사는 것 소용없나니, 글 속에 스스로 천종(千鍾)[11]의 곡식 있네. 편안하게 살려고 높은 집 지을 필요 없나니, 글 속에 저절로 황금옥(黃金屋)[12]이 있네. 문밖 나갈 때 사람이 따르지 않는다고 한탄하지 말게. 글 속에 있는 거마(車馬)가 마치 숲처럼 많네. 아내 얻는 데 좋은 중매쟁이 없다고 한탄하지 말게. 글 속에 있는 여인, 그 얼굴 옥과도 같네. 남아로 태어나 평생 뜻을 이루려거든 부지런히 창 앞에 앉아서 육경(六經)[13]을 읽을 것이네."

---

11 6,400석이나 되는 많은 수량을 말한다.
12 한나라 무제 때 고사에 그가 지은 대가 높이 삼십 길이나 되고 지붕 위를 황금으로 칠했다는 데서 나온 말이다.

富家不用買良田(부가불용매량전) 書中自有千鍾粟(서중자유천종속) 安居不用架高堂(안거불용가고당) 書中自有黃金屋(서중자유황금옥) 出門莫恨無人隨(출문막한무인수) 書中車馬多如簇(서중거마다여족) 聚妻莫恨無良媒(취처막한우량매) 書中有女顏如玉(서중유녀안여옥) 男兒欲遂平生志(남아욕수평생지) 六經勤向牕前讀(육경근향창전독)

다음은 사마온공(司馬溫公)의 권학가(勸學歌)를 살펴보자.

"자식을 기르기만 하고 가르치지 않는 것은 아비의 과실이요, 엄하게 가르치지 않는 것은 스승의 게으름일세. 아비가 가르치고 스승이 엄한데도 학문이 이루어지지 않는 것은 오직 자식의 죄일세. 따뜻한 옷에 배불리 먹고서도 인륜은 알아야 하는 것, 그렇지 못하면 웃고 말하는 것이 마치 흙덩이 무너지는 모양일세. 높은 곳 오르려 해도 오를 길 없고 아래로만 흐르니, 조금만 어진 사람 만나도 묻는 말 대답 못하네. 후생들에게 권하노니 힘써 가르침 구하고, 밝은 스승에게 배우고, 스스로 어두운 사람 되지 말라. 하루아침에 벼슬길에 오르고 보면 과연 친구들도 내 이름 선배라고 부르네. 집 안에서 만일 혼인을 이루지 못했어도

---

13 『역경』·『시경』·『서경』·『예기』·『악경』·『춘추』

저절로 아름다운 사람 있어 배필 구하리. 힘쓰라, 너희들 모두 각각 일찍부터 학업을 닦고, 늙은 뒤에 한낱 후회만 하지 말라."

養子不教父之過(양자불교부지과) 訓導不嚴師之惰(훈도불엄사지타) 父敎師嚴兩無外(부교사엄양무외) 學問無成子之罪(학문무성자지죄) 煖衣飽食居人倫(난의포식거인륜) 視我笑談如土塊(시아소담여토괴) 攀高不及下品流(반고불급하품류) 稍遇賢才無與對(초우현재무여대) 勉後生力求誨(면후생역구회) 投明師莫自昧(투명사막자매) 一朝雲路果然登(일조운로과연등) 姓名亞等呼先輩(성명아등호선배) 室中若未結親姻(실중약미결친인) 自有佳人求匹配(자유가인구필배) 勉旃汝等各早修(면전여등각조수) 莫待老來徒自悔(막대노래도자회)

왕형공(王荊公)의 권학문은 아래와 같다.

"글 읽는 데는 아무런 비용이 들지 않고, 글 읽으면 만 배나 이익이 되네. 글에서 벼슬하는 사람의 재주 나타나고, 글은 더욱 군자의 재주 보태 주네. 힘 있으면 곧 책 쌓아 둘 집 마련하고, 힘 없으면 곧 책 넣어 둘 궤 마련하게. 창 앞에 앉아 옛날 책을 보고 등불 밑에서 글 뜻 찾아보게. 가난한 자도 글로 인해 부자 되고, 부자는 글로 인해 더욱 귀해지네. 어리석은 자 글을 보고 착해지고, 착한 자 글로 인해 이익 생기네. 나는 다만 글 읽어 영화로운 것 보았고, 글 읽다가 타락하는 것 보지 못했네. 금을 팔아 책 사서 읽으라. 글 읽으면 금을 도로 사기 쉬운 것. 좋은 글 졸지에 만나기 어렵고 좋은 글 참으로 보기 힘드네. 여기 글 읽는 사람에게 권하노니 좋은 글을 마음속에 두어 기억하게."

讀書不破費(독서불파비) 讀書萬倍利(독서만배리) 書顯官人才(서현관인재) 書添君子智(서첨군자지) 有卽起書樓(유즉기서루) 無卽致書櫃(무즉치서궤) 牕前看古書(창전간고서) 燈下尋書義(등하심서의) 貧者因書富(빈자인서부) 富者因書貴(부자인서귀) 愚者得書賢(우자득서현) 賢者因書利(현자인서리) 只見讀書榮(지견독서영) 不見讀書墜(불견독서추) 賣金買書讀(매금매서독) 讀書買金易(독서매금역) 好書卒難逢(호서졸난봉) 好書眞難致(호서진난치) 奉勸讀書人(봉권독서인) 好書在心記(호서재심기)

백낙천(白樂天)의 권학문은 이렇다.

"밭이 있어도 갈지 않으면 창고는 빌 것이고, 책이 있어도 가르치지 않으면 자손은 어리석으리. 창고가 비면 세월 보내기 군색하고, 자손이 어리석으면 예의에 서투르네. 만약 농사도 짓지 않고 가르치지도 않는 것은 곧 그 아버지와 형의 과실일세."

有田不耕倉廩虛(유전불경창름허) 有書不敎子孫愚(유서불교자손우) 倉廩虛兮歲月乏(창름허혜세월핍) 子孫愚兮禮義疎(자손우

혜예의소) 若惟不耕與不敎(약유불경여부교) 是乃父兄之過歟(시
내부형지과여)

다음으로 한퇴지의 장시(長時) 「부독서성남(符讀書城南)」을 소
개한다.

"나무가 둥글거나 모나게 만들어지는 것은 모두 목공들의 손
재주에 달려 있다. 사람이 사람 구실 하는 것은 뱃속에 시서(詩
書)가 있는 까닭이다. 시서에 부지런하면 얻음이 있고 부지런하
지 않으면 뱃속이 빈다 했다. 학문의 힘을 알고 싶은가? 어질고
어리석은 것은 애당초 모두 마찬가지다. 그 사람 배우지 않기 때
문에 거처하는 방이 어둡다. 두 집에서 각각 자식 낳았더니 어려
서는 그 웃는 모습 비슷했다. 그러나 점점 자라면서 놀기만 하
면, 떼 지어 노는 물고기와 그 무엇이 다르리. 나이가 열두세 살
에 이르면 그 행동이 차츰 다른 사람과 달라진다. 스물이 되면
점점 차이가 나서 마치 맑은 도랑물과 흙탕물의 차이와 같다. 서
른이 되면 골격이 이루어져서 하나는 용이 되고 하나는 돼지가
된다. 준마는 빨리 뛰어가서 둔한 말이 오는 것을 돌아다보지도
않는다. 하나는 말 앞에 가는 말종 되어 등에 매만 맞는다. 하나
는 공경재상이 되어 깊고 먼 저택에 호강하고 산다. 이것은 무슨
연유일까? 오로지 배우고 배우지 않은 차이다. 황금과 구슬이 제

아무리 보배라도 쓰고 또 쓰면 남지 않는 것, 그러나 학문을 몸에 간직하면 몸 있는 동안 쓰고도 남는다. 군자와 소인이 되는 차이는 그 이유가 부모에게 있지 않은 것. 저 공경과 재상도 애당초엔 농사꾼에서 나온 것 보지 못하는가? 저 삼공(三公)의 후손들이 춥고 주려서 나갈 때는 말도 못 탄다. 문장이 어찌 소중하지 않으랴? 경서의 가르침 개척해 나가라. 흙탕물은 원래 근원이 없는 것, 아침에 가득하다가도 저녁이면 마른다. 사람이 고금의 일을 알지 못하면 마치 말이나 소가 사람의 옷을 입은 것과 같다. 몸가짐을 의 아닌 데 빠뜨리고서 어찌 명예 얻기를 바라랴? 때는 가을이라 묵은 장마 개고 새로운 가을바람 들 안에 들어왔다. 등불과 점점 친해야 할 시기니 대쪽을 모아 책을 만들어야지. 어찌해서 아침저녁으로 생각하지 않으리. 너를 위해서 세월을 아끼도록 하라. 은혜와 의리는 서로 뺏기 쉬운 것, 여기 시를 지어 너에게 권한다."

木之就規矩(목지취규구) 在梓匠輪輿(재재장윤여) 人之能爲人(인지능위인) 由腹有詩書(유복유시서) 詩書勸乃有(시서권내유) 不勤腹空虛(불근복공허) 欲知學之力(욕지학지력) 賢愚同一初(현우동일초) 由其不能學(유기불능학) 所入遂黑閭(소입수흑려) 兩家各生子(양가각생자) 提孩巧相如(제해교상여) 小長聚嬉戲(소장취희희) 不殊同隊魚(불수동대어) 年至十二三(연지십

이삼) 頭角稍相疎(두각초상소) 二十漸乖張(이십점괴장) 淸溝映
汚渠(청구영오거) 三十骨格成(삼십골격성) 乃一龍一豬(내일룡
일저) 飛黃騰踏去(비황등답거) 不能顧蟾蜍(불능고섬여) 一爲馬
前卒(일위마전졸) 鞭�生蟲蛆(편배생충저) 一爲公與相(일위공
여상) 深深府中居(심심부중거) 問之何因爾(문지하인이) 學與不
學歟(학이불학여) 金璧雖重寶(금벽수중보) 費用難貯儲(비용난
저저) 學問藏之身(학문장지신) 身在則有餘(신재즉유여) 君子與
小人(군자여소인) 不擊父母且(불격부모차) 不見公與相(불견공
여상) 起身自犂鋤(기신자려서) 不見三公後(불견삼공후) 寒饑出
無驢(한기출무려) 文章豈不貴(문장기불귀) 經訓乃菑畬(경훈내
치여) 潢療無根源(황료무근원) 朝滿夕已除(조만석이제) 人不通
古今(인불통고금) 馬牛而襟裾(마우이금거) 行身陷不義(행신함불
의) 況望多名譽(황망다명예) 時秋積雨霽(시추적우제) 新凉入郊
墟(신량입교허) 燈火稍可親(등화초가친) 簡編可卷舒(간편가권서)
豈不朝夕念(기불조석념) 爲爾惜居諸(위이석거제) 恩義有相奪
(은의유상탈) 作詩勸躊躇(작시권주저)

　지금까지는 독서에 대하여 너무 딱딱한 이야기만을 열거했다.
다음에는 세계적인 평론가이자 유명한 작가인 린위탕(林語堂)의
독서에 대한 말을 들어 보기로 하자.

"독서, 즉 책을 읽는 즐거움은 옛날부터 문화생활의 매력의 하나로 간주되어 왔다. 그 특권이 용이하게 얻어지지 않는 사람들로부터 오늘날도 존경과 부러움을 받고 있다. 이것은 책을 읽는 사람의 생활과 책을 읽지 않는 사람의 생활을 비교해 보면 쉽게 알 수 있는 일이다."

평소에 책을 읽지 않는 사람은 시간적으로도 자기만의 세계에 감금되어 있다. 그 생활은 판에 박힌 형태에 빠지고 만다. 그 사람이 접촉하고 함께 이야기하는 것은 극히 적은 수효의 친구 또는 나를 아는 사람들뿐이요, 그 사람이 보고 듣는 것은 거의 모두가 자기 신변의 조그만 일에 한정되어 있다. 그 감금에서 피할 길이 없다. 그러나 한번 책을 손에 잡게 되면 사람은 그 즉시로 세계 제일류의 이야기꾼의 한 사람과 대면하는 것이 된다. 이 이야기꾼은 독자를 유인해서 멀고 먼 별세계나 먼 옛날로 데리고 간다. 그래서 그의 마음속 번뇌를 가볍게 해 주기도 하고, 또는 독자 자신이 일찍이 알지 못하던 인생의 모든 문제를 가르쳐 주기도 한다.

고전은 옛 선현들과 독자를 서로 만나게 해 주어서, 책을 점점 읽어 가는 도중에 이 책을 쓴 저자는 어떻게 생긴 사람이었으며, 어떠한 형의 인물이었을까 하고 상상하기 시작한다.

맹자나 중국의 대역사가 사마천도 이 같은 말을 한 적이 있다.

"하루에 두 시간만이라도 다른 세계에 살아서 그날그날의 번뇌를 끊어 버릴 수 있다면 그것은 말할 것도 없이 육체적 감옥에 갇혀 있는 사람들이 부러워하는 특권을 얻은 것이다."

이러한 환경의 변화를 심리적 효과로 말한다면 그것은 여행하는 것과 조금도 다르지 않다.

그뿐만이 아니다. 독서를 즐겨 하는 사람은 언제나 사색과 반성의 세계로 출입할 수 있다. 비록 물리의 사상을 기록한 책이라 할지라도 그러한 사상들을 친히 보고 체험하는 것과, 책을 읽어서 아는 것과는 크나큰 차이가 있다.

"서적상으로는 물리적 사건들은 하나의 구경거리이며, 또 독자는 그 구경꾼이 되기 때문이다. 그렇기 때문에 가장 좋은 책은 우리를 이 명상의 기분으로 유도하는 것만으로 그 사명을 그치는 것이 아니다. 그러므로 막대한 시간을 소비하며 신문을 뒤적이는 것은 전혀 독서가 아니라고 나는 생각한다. 왜냐하면 신문의 일반 독자는 이러한 명상의 가치가 없는 사실이나 사건의 보도만 접하기 때문이다."

이렇게 써 나가기 시작한 린위탕의 독서에 대한 이야기는 점점 흥미로워진다.

그는 계속해서 이렇게 말한다.

"독서란 무엇인가? 여기에 대해서 누구보다도 가장 적절하게 표현한 말은, 내 생각으로는 소동파의 친구였던 송대의 시인 황산곡의 말일 것이다. 그는 '사대부가 사흘 동안 글을 읽지 않으면 그가 스스로 깨달은 말이 무미건조하고, 또 거울에 비치는 자기의 얼굴을 바라보기가 또한 가증스럽다.'라고 말했다."

이 말의 의미를 풀이해 보면, 즉 독서는 책을 읽는 사람에게 매력과 풍격을 주는 것으로 독서의 목적은 이것뿐이며 이 점을 노리는 독서야말로 참된 독서라는 말이다.

송대의 학자 정이천(程伊川)은 『논어』에 관해서 이렇게 말했다.

"『논어』의 독자는 도처에 있다. 그러나 그것을 읽어도 어떤 사람은 바로 잊어버린다. 또 어떤 사람은 그 글 중 한두 줄에 환희를 느끼기도 하고, 또 어떤 사람은 부지중에 기뻐서 춤추고 뛴다."

이렇게 자기 마음에 드는 저자의 발견은 곧 자신의 지적 발전에 가장 중대한 사건이라고 나는 생각한다. 이때 혼의 친화라는 것이 생기게 된다.

그러므로 고금의 작가들 중에서 그 혼이 자기의 혼과 가까운 사람을 우리는 발견하지 않으면 안 된다. 이렇게 해서 비로소 참으로 좋은 것을 얻을 수 있는 것이다.

옛날 증국번(曾國藩)은 가족에게 보낸 편지에서 서울로 와서 좀 더 좋은 학교에 다니고 싶다고 한 아우에게 다음과 같이 대답했다.

"공부를 하고 싶다면 시골 학교에서도 할 수 있다. 사막에서나 사람의 왕래가 잦은 거리에서도 할 수 있고, 또 나무꾼이나 목동이 되어서도 할 수 있다. 공부하고 싶은 의지가 없다면 시골 학교에서도 할 수 없을 뿐 아니라, 조용한 시골 가정이나 신선이 사는 섬도 공부하기에는 적당치 않다."

흔히 세상에는 어떤 책을 읽으려고 할 때 책상을 대하고 앉아 거만한 태도를 취하고는 방 안이 너무 좁다는 둥, 의자가 너무 딱딱하다는 둥, 채광이 너무 강하다는 둥, 그래서 공부를 할 수 없다는 둥 불만을 얘기하는 사람이 있다. 그런가 하면 모기가 너무 많다는 둥, 종이가 너무 번쩍인다는 둥, 거리의 소음이 너무 심하다는 둥 불평을 늘어놓고는 공부를 할 수 없다고 한탄하는 사람도 있다. 그러나 송나라의 구양수(歐陽修)는 삼상(三上)이 공부하기에 제일 좋은 곳이라고 말했다. 이 삼상이란 침상(枕上)·마상(馬上)·측상(厠上)을 말한다. 침상(베게 위)은 누워서 공부하는 것을 말한다. 마상(말 위)은 말을 타고 길을 가면서도 책을 읽는다는 것이다. 또 측상(화장실 위)은 볼일 보는 사이에도 글을 읽는다는 말이다. 이렇게 사람은 책을 읽을 의지만 있다면 어느 때 어느 곳에서나 읽을 수가 있다.

5
사친장(事親章)

대체로 사람이란 누구나 자기 부모에게 마땅히 효도해야 한다는 것은 알고 있으면서도 실상 정말로 효도하는 자는 드물다. 그것은 무엇 때문일까? 다름 아닌 자기 부모의 은혜를 깊이 알지 못하기 때문이다.

천하의 모든 물건은 내 몸보다 더 소중한 것이 없다. 그런데 이 몸은 부모가 준 것이다. 지금 남에게 만일 재물을 받았다면 그 재물의 많고 적음이나, 그 재물의 소중하고 하잘것없음에 따라서 그 사람의 은혜에 감사하는 마음도 다를 것이다. 그런데 부모는 나에게 이 몸을 주셨으니 천하에 있는 모든 물건을 다 준다 해도 이 몸과 바꿀 수는 없을 것이다.

〔이 책 외의 다른 책에는 이렇게 돼 있다. "『시경(詩經)』에 이런 말이 있다. '우리 아버님은 나를 낳으시고, 우리 어머님은 나를 길러 주셨네. 내 그 은혜를 갚고자 하면 저 하늘과 같이 끝이 없네.' 사람의 자식 된 자가 부모에게 그 생을 받았으니 성명(性命)[1]과 피와 살은 모두 부모가 주신 것이다. 그래서 숨 쉬고 호흡하게 되며, 기운과 혈맥이 통하는 것이니 그렇다면 이 몸은 나의 사사로운 물건이 아니고 곧 부모가 남겨주신 기운인 것이다. 그렇기 때문에 '슬프다. 우리 부모님이시여! 나를 낳으시느라 애쓰셨다.'라고 말하는 것이다."〕

이와 같은 부모의 은혜를 어찌하리오. 어찌 감히 내가 나대로 몸뚱이를 가졌다 해서 부모에게 효성을 다하지 않으리오. 사람이 능히 항상 이 마음을 갖는다면 저절로 부모에게 향하는 정성이 생길 것이다.

부모를 섬기는 자는 한 가지 일이나 한 가지 행동이라도 감히 제 맘대로 하지 못하고 반드시 부모에게 물은 뒤에 행해야 한다. 만일 의당 해야 할 일이라도 부모가 이를 허락하시지 않을 때는 반드시 간곡히 그 사유를 여쭈어서 승낙을 얻은 뒤에 행해야 한다. 그래도 끝내 부모가 승낙하시지 않는다면 이 역시 제 생각대로 할 수 없는 것이다.

---

1   사람의 성품과 하늘의 명(命). 만물이 저마다 가지고 있는 천부의 성질

날마다 날이 밝기 전에 일어나서 양치질하고 머리에 빗질한 다음 옷 입고 띠 매고서 부모가 주무시는 곳으로 간다. 여기서 기운을 화평하게 갖고 목소리를 부드럽게 하여 춥고 더운 것과 편안한지 불편한지를 묻는다. 또 날이 어두우면 역시 침소로 나가서 이부자리를 깔아 드리고 따뜻한지 서늘한지를 묻는다. 날마다 받들어 모실 것을 물어서 항상 화락한 빛과 부드러운 얼굴로 공경히 응대하고, 좌우에 모셔 봉양할 때는 정성을 극진히 한다. 또 집을 나가거나 밖에서 돌아와서는 반드시 절한 다음 인사를 여쭈고 뵙는다.

지금 사람들은 모두 부모가 길러 준 은혜를 입고서도 자기 힘으로 그 부모를 봉양하지 못한다. 만일 이렇게 그대로 세월을 보내면 끝내 충성되게 부모를 봉양할 시기가 없을 것이다. 그러니 반드시 몸소 집일을 주장해서 자기 스스로 맛 좋은 음식을 갖추어 드려야만 자식 된 직책을 다했다고 하겠다. 만일 부모가 이것을 기어이 듣지 않으실 때는 비록 자기가 집안일을 주장하지는 못하더라도 마땅히 주선하고 보조해서 힘을 다해 맛있는 음식을 마련하여 부모의 입에 맞도록 하는 것이 옳은 일이다. 만일 이렇게 마음마다 생각하고 생각해서 마음이 오로지 부모 봉양하는 데 있으면 맛있는 음식을 반드시 얻을 수가 있을 것이다. 항상 옛날 왕연(王延)이 깊은 겨울 몹시 추운 날씨에 자기 몸에는 완전한 옷 한 가지 걸치지 못하고서도 오로지 부모의 몸을 따뜻하게 해 드렸다는 일을 염두에 둔다면 다른 사람으로 하여금 감탄해서 눈물을 흘리게 할 수 있다.

사람들의 아버지와 자식 사이는 흔히 사랑하는 마음이 공경하는 마음보다 지나치기 쉽다. 그러하니 반드시 전날의 습관을 깨끗이 씻어 없애고 지극히 존경해야 한다. 부모가 앉아 계시고 누워 계시는 곳에는 자식이 감히 앉고 눕지 못하며, 부모가 손님을 접대하는 곳에서는 자식이 감히 자기의 사사로운 손님을 접대하지 못한다. 또 부모가 말을 타고 말에서 내리는 곳에서는 자식이 감히 말을 타거나 말에서 내리지 못한다.

부모의 뜻이 만일 의리에 해로운 것이 아니면 마땅히 먼저 그 뜻을 이어받아서 순순히 행하고 조금이라도 어기지 말아야 한다. 만일 부모의 뜻이 의리에 해로우면 화평한 기운과 즐거운 안색, 부드러운 목소리로 부모에게 간해서 여러 가지로 사유를 말씀드려 기어이 부모가 이를 듣도록 한다.

부모가 병환에 걸리시면 마음속으로 조심하고 근심하는 얼굴을 하여 다른 일은 모두 내버려 두고 오직 의원에게 묻고 약을 지어다가 쓰는 데 힘쓴다. 이리하여 병환이 회복되면 그전으로 돌아가 다른 일을 보기 시작한다.

날마다 하는 일이나 또 아무리 짧은 시간일지라도 부모를 잊어서는 안 된다. 그렇게 한 뒤에라야 비로소 효도한다는 말을 할 수가 있다. 그렇지만 만일 몸가짐을 삼가지 않고 말을 하는 데도 법도 없이 그저 웃고 노닐면서 세월을 보내는 자는 모두 그 부모를 잊은 자다.

세월은 물과 같이 흐른다. 그러므로 부모를 섬기는 시간도 결코 길지는 못하다. 그렇기 때문에 남의 자식 된 자는 모름지기 정성을 다하고 힘을 다하면서도 자기가 할 일을 다하지 못할까 두려운 것이다.

옛사람의 시에 "옛사람은 하루 동안 그 부모 봉양하는 것을 삼공(三公)과도 바꾸지 않네."라고 했다. 이것은 옛사람들이 날짜를 아끼면서 부모를 봉양한 것을 말한다.

事親章 第五

凡人은 莫不知親之當孝로되 而孝子는 甚鮮하니

由不深知父母之恩故也라 天下之物이 莫貴於吾身이니

而吾身은 乃父母之所遺也라 今有遺人以財物者면

則隨其物之多少輕重하여 而感恩之意 爲之深淺焉이라 父母

遺我以身하니 而擧天下之物이라도 無以易此身矣니라

(一本作 時不云乎에 父兮生我하시고 母兮鞠我하시니

欲報之德인댄 昊天罔極이라 人子之受生에 性命血肉이

皆親所遺이니 喘息呼吸 氣脈이 相通此身하되 非我私物이요

乃父母之遺氣也라 故로 曰 哀哀父母에 生我劬勞라 하니라)

父母之恩이 爲如何哉아 豈敢自有其身하여

以不盡孝於父母乎아 人能恒存此心이면

則自有向親之誠矣니라

凡事父母者는 一事一行을 毋敢自專하고

必稟命而後에 行이오 若事之可爲者라도 父母 不許어시던

則必委曲陳達하여 頷可而後에 行이요 若終不許면

則亦不可直遂其情也니라

每日 未明而起하여 盥櫛衣帶하고 就父母寢所하여

下氣怡聲으로 問燠寒安否하고 昏則詣寢所하여 定其褥席하여

察其溫凉하며 日間侍奉에 常愉色婉容으로 應對恭敬하고

左右就養하되 極盡其誠하며 出入엔 必拜辭拜謁이니라

今人은 多是被養於父母요 不能以己力으로 養其父母니

若此奄過日月이면 則終無忠養之時也라

必須躬幹家事하여 自備甘旨然後에 子職을 乃修니라

若父母 堅不聽從이면 則雖不能幹家라도 亦當周旋補助하여

而盡力得甘旨之具하여 以適親口 可也니라 若心心念念이

在於養親이면 則珍味를 亦必可得矣라 每念王延이

隆冬盛寒에 體無全衣라도 而親極滋味하여

令人感歎流涕也하라

人家 父子間에 多是愛逾於敬이니 必須痛洗舊習하고

極其尊敬하여 父母所坐臥處엔 子不敢坐臥하며 所接客處엔

子不敢接私客이며 上下馬處엔 子不敢上下馬 可也니라

父母之志는 若非害於義理면 則當先意承順하여

毫忽不可違요 若其害理者는 則和氣怡色柔聲 以諫하여

反覆開陳하여 必期於聽從이니라

父母有疾이어던 心憂色沮하여 捨置他事하고

只以問醫劑藥으로 爲務요 疾止어던 復初니라

日^일用^용之^지間^간에 一^일毫^호之^지頃^경이라도 不^불忘^망父^부母^모然^연後^후에

乃^내名^명爲^위孝^효니 彼^피持^지身^신不^불謹^근하고 出^출言^언無^무章^장하며 嬉^희戲^희度^도日^일者^자는

皆^개是^시忘^망父^부母^모者^자也^야니라

日^일月^월如^여流^류하니 事^사親^친이 不^불可^가久^구也^야라 故^고로 爲^위子^지者^자는

須^수盡^진誠^성竭^갈力^력하여 如^여恐^공不^불及^급 可^가也^야라 古^고人^인時^시에 曰^왈 古^고人^인一^일日^일養^양을

不^불以^이三^삼公^공換^환이라 하니 所^소謂^위愛^애日^일者^자 如^여此^차니라

[해설]

여기서는 부모 섬기는 도리, 즉 효도에 대해서 말했다.

효도에 대한 이야기는 주로 『효경(孝經)』에 많이 실려 있다. 서애(西厓) 유성룡의 『효경』 발문에 보면 다음과 같은 말이 있다.

"백 가지 행실이 효도가 아니면 서지 못하고, 만 가지 착한 일이 효도가 아니면 행해지지 못한다."

百行(백행) 非孝不立(비효불립) 萬善(만선) 非孝不行(비효불행)

"아아! 이 세상에 어느 누가 부모가 없으며, 어느 누가 사람의 자식이 아니리오. 누구든지 먼저 행하자고 하는데 여기 따라가지 않을 수 있으며, 누가 감동하는데 여기 응하지 않으리오."

鳴呼(오호) 誰無父母(수무부모) 誰非人子(수비인자) 孰倡而不和(숙창이불화) 孰感而不應(숙감이불응)

이 효도야말로 옛 성현의 말이 아니고라도 실로 백 가지 행실의 근본이 되는 것이다.

공자는 말했다.

"사람의 몸뚱이와 머리털과 피부는 모두 부모에게서 받은 것이다. 그러니 감히 이것을 상하게 하지 않는 것이야말로 바로 효도의 시초다. 또 몸을 세워 도를 행하고 이름을 뒷세상에 드날려서 부모를 빛나게 하는 것은 효도의 끝이다. 그러니 대체 효도란 부모를 섬기는 데서 시작하여 그다음으로는 임금을 섬기고 끝으로는 제 몸을 세워야 되는 것이다.

身體髮膚(신체발부) 受之父母(수지부모) 不敢毁傷(불감훼상) 孝之始也(효지시야) 立身行道(입신행도) 揚名於後世(양명어후세) 以顯父母(이현부모) 孝之終也(효지종야) 夫孝(부효) 始於事親(시어사친) 中於事君(중어사군) 終於立身(종어입신)

공자의 교훈은 계속된다.

"제 부모를 사랑하는 자는 감히 남을 미워하지 못하고, 제 부모를 공경하는 자는 감히 남을 업신여기지 못한다. 이렇게 사랑하고 공경하는 마음을 제 부모에게 다하고 보면 덕스러운 가르침이 백성들에게까지 미쳐서 천하가 본받게 될 것이니 이것은 대개 천자가 해야 할 효도이다."

受親者(수친자) 不被惡於人(불피오어인) 敬親者(경친자) 不被慢於人(불피만어인) 愛敬(애경) 盡於事親(진어사친) 而德敎(이덕교) 加於百姓(가어백성) 刑于四海(형우사해) 蓋天子之孝(개천자지효)

위에 말한 것은 천자의 효도이고, 다음으로 공자는 제후의 효도, 경대부의 효도를 차례차례 자세히 설명해 나갔다. 먼저 제후의 효도이다.

"윗자리에 있어서 남에게 교만하지 않으면 아무리 지위가 높아도 그 자리가 위태롭지 않다. 또 모든 일을 법도에 맞게 하고 삼가 행한다면 아무리 세력이 그곳에 가득 찼어도 이것이 넘치지 않는다. 이렇게 지위가 높아도 위태롭지 않으면 이것으로 길이 자기의 귀한 자리를 보존할 수가 있을 것이요, 세력이 찼어도 넘치지 않으면 이것으로 그 부를 지킬 수가 있다. 이렇듯 부와

귀를 자기 몸에서 떠나지 않게 한 연후에야 능히 그 사직을 보존하게 되고, 나아가서 그 백성을 화합하게 할 수 있는 것이니, 이것은 대개 제후가 해야 할 효도이다."

在上不驕(재상불교) 高而不危(고이불위) 制節勤度(제절근도) 滿而不溢(만이불일) 高而不危(고이불위) 所以長守貴(소이장수귀) 滿而不溢(만이불일) 所以長守富(소이장수부) 富貴(부귀) 不離其身然後(불리기신연후) 能保其社稷(능보기사직) 而和其民人(이화기민인) 蓋諸侯之孝(개제후지효)

다음으로는 경대부의 효도에 대한 교훈이다.

"선왕이 정해 놓은 정당한 옷이 아니면 입지 않고, 선왕이 말하던 정당한 말이 아니면 감히 말하지 않고, 선왕이 행하던 덕행이 아니면 감히 행하지 않는다. 다시 말하면 법이 아니면 말하지 않고 도가 아니면 행하지 않아, 이로 인하여 그 사람의 말은 가릴 것 없이 모두 옳으며, 그 사람의 행동은 가릴 것 없이 모두 옳은 것이 된다. 자기의 말이 천하에 가득 차게 되더라도 그 말에 과실이 없고, 자기의 행동이 천하에 가득 차게 되더라도 원망하고 미워하는 일이 없다. 이 세 가지가 갖추어진 뒤에라야 능히 그 종묘를 지킬 수 있을 것이니 이것은 대개 경대부의 효도이다."

非善王之法服(비선왕지법복) 不敢服(불감복) 非先王之法言

(비선왕지법언) 不敢道(불감도) 非先生之德行(비선생지덕행) 不敢行(불감행) 是故(시고) 非法不言(비법불언) 非道不行(비도불행) 口無擇言(구무택언) 身無擇行(신무택행) 言滿天下(언만천하) 無口過(무구과) 行滿天下(행만천하) 無怨惡(무원오) 三者(삼자) 備矣然後(비의연후) 能守其宗廟(능수기종묘) 蓋卿大夫之孝也(개경대부지효야)

다음으로 선비가 행할 효도에 대해서 공자는 이렇게 말했다.

"아버지를 섬기는 도리로써 어머니를 섬기되 사랑하는 마음을 같이 한다. 또 아버지를 섬기는 도리로써 임금을 섬기되 공경하는 마음을 같이 한다. 그런 까닭에 어머니에게서는 그 사랑하는 마음을 취하고 임금에게서는 그 공경하는 마음을 취하는 것이니, 이 두 가지를 겸한 것이 아버지이다. 그러므로 효도하는 마음으로 임금을 섬기면 충성스러울 것이요, 공경하는 마음으로 어른을 섬기면 순종하는 일이 된다. 충성하고 순한 마음을 잃지 않고 그 윗사람을 섬긴 뒤에라야 능히 그 벼슬과 봉록을 보전할 수가 있고, 그 제사 지내는 것을 지킬 수 있으니, 이것은 대개 선비의 효도이다."

資於事父(자어사부) 以事母(이사모) 而愛同(이애동) 資於事父(자어사부) 以事君(이사군) 而敬同(이경동) 故母取其愛(고모취기

애) 而君取其敬(이군취기경) 兼之者父也(겸지자부야) 故以孝事
君(고이효사군) 則忠(즉충) 以敬事長(이경사장) 則順(즉순) 忠順
(충순) 不失(부실) 以事其上然後(이사기상연후) 能保其爵祿(능보
기작록) 而守其祭祀(이수기제사) 蓋士之孝也(개사지효야)

끝으로 서인(庶人)의 효도에 대해서는 다음과 같이 말했다.

"하늘의 올바른 도를 쓰고 땅의 도움에 의지하여 자기 몸을 조
심히 행동하고 소비를 절도 있게 해서 부모를 봉양하는 것이 바
로 서인의 효도이다."

用天之道(용천지도) 因地之利(인지지리) 謹身節用(근신절용)
以養父母(이양부모) 此(차) 庶人之孝也(서인지효야)

이상에서 천자의 효도, 경대부의 효도, 선비의 효도, 서인의 효
도에 대해서 모두 말했다. 이것을 공자는 이렇게 매듭지었다.

"그 때문에 위로 천자에서부터 아래로 서인에 이르기까지 효
도란 실로 끝과 시작이 없는 것이니 이것을 만일 행하지 않으면
환난이 미치지 않을 자가 없느니라."

故自天子己下(고자천자기하) 至於庶人(지어서인) 孝無終始(효
무종시) 而患不及者(이환불급자) 未之有也(미지유야)

어느 날 증자가 공자에게 물었다.

"부모를 사랑하는 것과 공경하는 것과 또 부모를 편안하게 모시고 제 이름을 드날리는 것이 효도라는 것은 이미 들어 왔습니다. 이제 감히 묻거니와 아버지의 명령을 그대로 좇기만 하는 것을 가히 효도라고 말할 수 있겠습니까?"

若夫慈愛恭敬(약부자애공경) 安親揚名(안친양명) 參聞命矣(삼문명의) 敢問從父之令(감문종부지령) 可謂孝乎(가위효호)

이것은 실로 중요한 질문이다. 지금까지 공자는 자식으로서 부모에게 효도해야 하는 것에 대하여, 또는 효도하는 방법에 대하여 여러 가지 말을 했다. 그러나 "그렇다면 부모의 말을 순종만 하는 것이 효도인가?" 하는 절실한 문제가 제기된 것이다.

이에 대하여 공자는 대답했다.

"그 무슨 말이냐? 그 무슨 말이냐? 옛날에 천자는 간하는 신하 일곱 사람을 두면 비록 자기 자신이 올바른 도가 없더라도 그 천하를 잃지 않고, 제후는 간하는 신하 다섯 사람을 두면 비록 자기 자신이 올바른 도가 없더라도 그 나라를 잃지 않고, 대부는 간하는 신하 세 사람을 두면 비록 자기 자신이 올바른 도가 없더라도 자기 집을 잃지 않고, 선비에게는 간하는 벗이 하나라도 있으면 자기 몸에서 아름다운 이름이 항상 떠나지 않고, 아버지에게 간하는 자식이 하나라도 있다면 결코 불의에 빠지지 않았다. 그렇기 때문에 만일 아버지가 옳지 못한 일을 했을 때는 자식으로서 간하지 않을 수가 없고, 이와 마찬가지로 신하로서는 임금에게 간하지 않을 수가 없는 것이다. 그렇기에 옳지 못한 일을 하게 되면 이것을 간해야 하는 것이니, 아버지의 명령만 좇는다고 해서 어찌 이것을 효도라고 하겠는가?"

是何言與(시하언여) 是何言與(시하언여) 昔者(석자) 天子(천자) 有爭臣七人(유쟁신칠인) 雖無道(수무도) 不失其天下(부실기천하) 諸侯(제후) 有爭臣五人(유쟁신오인) 雖無道(수무도) 不失其國(부실기국) 大夫(대부) 有爭臣三人(유쟁신삼인) 雖無道(수무도) 不失其家士(부실기가사) 有爭友(유쟁우) 則身不離於令名(즉신불리어영명) 父有爭子(부유쟁자) 則身不陷於不義(즉신불함어불의) 故當不義(고당불의) 則子不可以不爭於父(즉자불가이부쟁어부) 臣不可以不爭於君(신불가이부쟁어군) 故當不義(고당불의) 則爭之(즉쟁지) 從父之令(종부지령) 又焉得爲孝乎(우언득위효호)

이상으로 공자의 말 중에서 효도에 관한 것, 그중에서도 대략 그 줄거리만을 소개하였다. 공자의 제자 중에서 이 효도를 몸소 실천한 사람은 여럿 있지만 그중에서도 증자의 효도가 가장 지극했다고 한다.

다음에는 이 증자의 이야기와 또 그의 뜻을 계승한 사람들의 효도 이야기를 소개하기로 한다. 이것은 맹자의 말에서 인용하는 것이다. 증자가 아버지 증석(曾晳)을 봉양할 때의 이야기다. 증자는 식사 때마다 반드시 아버지에게 술과 고기를 대접했다. 그리고 식사가 끝나 상을 물릴 때면 아버지에게 "이 남은 반찬은 누구에게 주는 것이 좋겠습니까?"라고 물었다. 또한 아버지가 "그 술과 고기가 아직도 남아 있느냐?" 하고 물으면 증자는 반드시 "예! 남은 것이 있습니다."라고 대답했다.

그렇게 증자가 지극히 봉양하던 증석이 죽었다. 3년이 지나자 이번에는 증자의 아들 증원(曾元)이 아버지 증자를 봉양하게 되었다. 증원도 아버지를 본받아 효자인지라 증자를 봉양하는 데 식사 때마다 언제나 술과 고기가 끊이지 않았다.

그러나 식사가 끝나서 상을 물릴 때 그 술과 고기를 누구에게 줄 것인가를 묻는 일은 없었다. 그리고 혹시 증자가 "그 술과 고기가 남은 게 있느냐?" 하고 물어도 증원은 "없습니다."라고 대답하는 것이었다. 증원이 이렇게 없다고 대답하는 것은 그 술과 고기를 두었다가 다음 식사 때 다시 자기 아버지에게 드리기 위해서였다.

그러나 이것은 이른바 오직 부모의 입과 몸뚱이만을 봉양하는 일에 불과한 것이니, 증원에 비하면 증자야말로 과연 부모의 뜻을 봉양했다고 할 수 있다. 그리고 맹자는 이렇게 결론지었다.

"부모를 섬기는 것은 증자처럼 해야만 옳은 것이다."

다음은 증자의 제자 자춘(子春)에 대한 이야기다.

자춘이 마루에서 뜰로 내려가다가 발을 다쳤다. 그런데 그는 발이 다 나았는데도 몇 달 동안 밖에 나가지 않으며 얼굴에는 자못 근심하는 빛까지 띠었다.

그의 제자들이 물었다.

"선생님께서는 다친 발이 나으셨는데도 몇 달 동안 외출을 하지 않으시고 오히려 근심하는 빛이 있는 것은 무엇 때문입니까?"

이에 자춘은 이렇게 말했다.

"참 좋은 질문이로다. 너희들의 질문은 참으로 훌륭하구나. 내가 스승이신 증자께 들은 말이다. 그리고 증자께서는 공자께 들은 말이라고 하셨다. 대체로 하늘이 낳은 물건과 땅이 길러 낸 물건 중에서 오직 사람이 제일 위대하다고 하셨다. 이렇게 위대한 사람을 부모가 온전히 낳아 주셨으니 자식 된 자로서 온전한 몸뚱이로 돌아가야만 과연 효도라고 할 것이다. 즉 자기 몸뚱이를 망가뜨리지 말고 자기 몸을 욕되게 하지 않는 것이 바로 온전하게 하는 것이다. 그렇기 때문에 군자는 몇 발자국 걸음을 걷는 동안에도 잠시도 이 효도를 잊지 않는 법이다. 그런데 이제 나는 이 효도의 도리를 잊은 자이다. 그래서 내 얼굴에는 근심하는 빛이 가시지 않는 것이다."

자춘은 계속 말을 이었다.

"군자는 발 한 번 옮기는 데도 감히 부모를 잊지 못한다. 그 때문에 길을 걸어도 지름길로 가지 않고, 배를 타도 헤엄을 치지 않아서 감히 부모가 주신 몸뚱이를 위태롭게 하지 않는다. 또 말 한마디 하는 데도 감히 부모를 잊지 않는다. 그런 까닭에 악한 말이 입에서 나오는 일이 없으며, 노여워 분해하는 말이 내 몸으로 돌아오지 않는다. 이렇게 해서 그 몸을 욕되게 하지 않고 그 부모를 부끄럽게 하지 않으면 이것이야말로 과연 효도라고 할 것이다."

6
상제장(喪制章)

상제(喪制)[1]는 마땅히 한결같이 주자의 『가례(家禮)』에 따라 행할 것이다. 그러나 그중에 만일 의심나고 알 수 없는 곳이 있을 때는 선생이나 어른 또는 예를 아는 곳에 가서 물어서 반드시 그 예를 다해야 한다.

초혼(招魂)[2]할 때의 풍속에 반드시 어렸을 때의 이름을 부르는데 그것은 예가 아니다. 젊은 사람이면 오히려 그 이름을 불러도 되지만 어른이면 이름을 불러서는 안 된다. 반드시 그가 살았을

---

1 여기서는 상중의 복제(服制)와 그 밖의 모든 제도를 말한다.
2 사람이 죽었을 때, 그 혼을 소리쳐 부르는 일

때 부르던 칭호대로 부르는 것이 옳다(부녀자에게는 더구나 그 이름을 불러서는 안 된다).

어머니 상사(喪事)에 아버지가 계시면 아버지가 상주(喪主)가 된다. 그러므로 모든 축문도 마땅히 남편이 아내에게 고하는 예에 따라 써야 할 것이다.

부모가 돌아가셨을 때 아내와 첩, 며느리와 딸들은 모두 머리를 푼다. 남자는 머리를 풀고 위 옷고름을 푼 채 맨발을 한다〔소렴(小斂)³이 지나면 남자는 웃옷을 벗어 매고 머리를 묶는다. 여자는 쪽을 찐다〕. 남에게 양자로 들어간 아들이나 시집간 딸은 모두 머리를 풀지 않는다. 다만 맨발을 한다(남자는 갓을 벗는다).

시체가 아직 침상에 있고 아직 염을 하지 않았으면 남녀들은 시체 곁에 자리를 정한다. 그 위치는 남쪽을 위로 하고 시체의 머리가 있는 곳으로 위를 삼는다. 염을 하고 난 뒤에는 여자는 전과 같이 마루 위에 자리를 정하되 남쪽으로 위를 삼는다. 남자는 뜰아래에 자리를 정하는데 그 자리는 북쪽으로 위를 삼되 시체가 있는 곳으로 위를 삼는다. 발인할 때 남녀의 위치는 다시 남쪽으로 위를 삼되 영구가 있는 곳을 위로 한다. 그러나 때에 따라서 위치가 변하여 각각 예에 대한 뜻만 있으면 된다.

---

3 시체를 옷과 이불로 싸는 것

지금 사람들은 모두 예법을 알지 못한다. 조문하러 온 손님이 왔을 때는 전혀 일어나지 않고 그대로 엎드리고만 있으나 이것은 결코 예가 아니다. 조객이 와서 영좌(靈座)에 절하고 나오면 상제들은 마땅히 자기들 자리에서 나와 조객을 향해 두 번 절하고 곡하는 것이 옳다(이때 조객도 역시 답배를 한다).

상제가 입는 최질(衰絰)⁴은 자기가 병에 들었거나 일할 때가 아니면 벗지 않는다.

『가례』에 보면 부모의 초상을 당하면 성복(成服)⁵하는 날에나 비로소 죽을 먹는다고 했다. 또 졸곡(卒哭)⁶이 되어야 비로소 밥(애벌 찧은 쌀로 지은 밥이다)을 먹고 물을 마시나(국은 못 먹는다) 채소와 실과는 먹지 못한다고 했다. 소상(小祥)⁷이 지나면 비로소 채소와 실과를 먹는다고 했다(국은 먹어도 괜찮다). 예문에 이렇게 씌어 있으니 상제가 병이 있기 전에는 마땅히 이 예문대로 행할 것이다. 혹은 예에 지나쳐서 삼 년 동안 죽만 마신 자도 있다. 이렇게 정성과 효성이 남보다 뛰어나고 터럭만큼도 억지로 힘쓰는

---

4 최(衰)와 질(絰). 상복을 말한다.

5 초상이 나서 사흘이나 닷새 후에 상복을 처음 입는 일

6 초상이 나서 삼우제를 올린 뒤 석 달 만에 강일(剛日)을 택해 지내는 제사. 강일은 십간(十干)의 갑(甲)·병(丙)·무(戊)·경(庚)·임(壬)에 해당하는 날. 이 외의 날은 모두 유일(柔日)이라 한다.

7 사람이 죽은 뒤 1년 만에 올리는 제사

뜻이 없는 사람이면 비록 예에 지나친다고 해도 오히려 좋은 것이다. 그러나 이와 반대로 정성과 효성이 지극하지 못하고 억지로 힘써서 예에 따르려고 한다면 이것은 자기 자신을 속이는 것이고, 또 자기 부모를 속이는 일이니 마땅히 경계해야 한다.

오늘날 예법을 아는 집에서는 장사 지낸 뒤에 바로 반혼(返魂)⁸을 한다. 이것이 정당한 예법이기는 하다. 그렇지만 사람들은 모두 이것만을 본받아서 드디어 여묘(廬墓)⁹의 풍속을 없애버리고 말았다. 그리하여 반혼한 뒤에는 제각기 집으로 돌아가 처자들과 한 방에서 거처하고 있으니 이것은 예법에 크게 어긋나는 것으로서 몹시 한심스러운 일이다. 대체로 부모의 초상을 당한 자는 자기 스스로 헤아려 보아서 일일이 모두 예법대로 행했고 터럭만큼도 어그러진 것이 없으면 마땅히 예에 따라 반혼하는 것도 좋다. 하지만 혹 그렇지 않을 때는 마땅히 옛 풍속에 따라 여묘하는 것이 옳다.

부모의 초상을 당했을 때는 성복하기 전에는 곡하고 우는 것을 입에서 그치지 않는다(울다가 기운이 다하면 종들을 시켜 대신 곡하기도 한다). 성복이 지나서 장사 치르기까지는 일정한 때가

---

8 죽은 사람을 장사 지내고 그 혼을 도로 집으로 불러들이는 일
9 상제가 무덤 옆에 여막을 짓고 살면서 무덤을 지키는 일

없이 슬픈 생각이 들면 언제나 곡을 한다. 또 졸곡이 지난 후에는 아침저녁으로 두 번만 곡을 할 뿐이다. 예문에는 대개 위에 쓴 것과 같지만 만일 효자로서 정이 지극한 사람이야 곡하고 우는 것이 어찌 일정한 시간과 수효가 있으랴? 대체로 초상이란 슬퍼하는 것이 부족하고 예법에만 흡족하기보다는 차라리 예법에는 부족하더라도 많이 슬퍼하는 것이 낫다. 초상 치르는 일이란 그 슬퍼하고 공경하는 것을 다할 뿐이다.

증자는 말했다. "사람은 누구나 자기가 스스로 정성을 다했다고 하는 자는 없을 것이니 이것은 반드시 그 부모가 죽었을 때의 일이다." 과연 부모가 죽어서 장사 지내는 일은 실로 부모를 섬기는 큰 예절이다. 여기에 자기의 정성을 다하지 않는다면 어디에다 그 정성을 쓰겠는가?

옛날 소련(少連)·대련(大連)[10]은 상중에 있을 때 정성을 다해서 사흘 동안[11] 애통해하기를 조금도 게을리하지 않고 석 달 동안[12] 해이하게 하지 않았으며, 일 년 동안 슬퍼하고 삼 년 동안 근심했으니 이야말로 상중에 하는 법이라 하겠다. 효도와 정성

---

10 소련·대련은 『예기』에 보면 동이(東夷) 사람으로서 삼년상을 잘 치렀다고 씌어 있다.

11 부모가 죽어서 염하기 전을 말한다.

12 친상을 당해서 시체가 빈소에 있는 동안을 말한다.

이 지극한 자는 힘쓰지 않아도 잘하는 터이지만 만일 잘하지 못하는 자가 있으면 힘써서 따라가는 것이 옳다.

사람이 상중에 있을 때 정성과 효성이 지극하지 못하면 능히 예법대로 행하지 못한다는 것은 여기서 다시 말할 것도 없다. 그러나 간혹 자기 타고난 바탕은 아름다우면서도 글을 배우지 못한 자는 한갓 예법대로 따라서 하는 것만이 효도가 되는 줄 알고, 자기 생명을 상하는 것이 잘못인 줄을 알지 못한다. 그래서 지나치게 슬퍼하다가 병이 생겼는데도 차마 권도로써 슬퍼하는 것을 그칠 줄 모르고, 마침내 자기 생명을 없이 하는 자가 혹 있기도 하니 참으로 애석한 일이다. 이 때문에 지나치게 슬퍼하다가 생명을 상하는 것을 군자들은 불효라고 했다.

대체 자기가 복을 입을 친척의 초상이 났을 때 만일 이 소식을 다른 곳에서 들었으면 신위를 설치해 놓고 곡한다. 또 만일 초상집에 갔을 때는 그 집에 당도한 뒤에 성복하고, 만일 초상집에 가지 않을 때는 나흘 만에 성복을 한다. 또 자최(齊衰)[13]를 입어야 할 사람의 초상을 당했을 때 성복하기 전 사흘 동안은 아침저녁으로 신위를 설치하고 곡한다〔자최를 낮추어 대공(大功)[14]을 입

---

13 상복 다섯 가지 중 한 가지. 삼베로 만들어 치마를 꿰매 붙인 것
14 아홉 달의 복

을 때도 역시 이와 같다).

스승이나 친구 중에 의리가 몹시 중한 자나 또는 친척 중에서도 복(服)은 없어도 정의가 두터운 자, 또 서로 아는 사이에 정분이 가까운 자는 모두 그 초상이 있을 것을 듣고도 길이 멀어서 갈 수 없을 때는 신위를 설치하고 곡한다. 스승에게는 그 정의와 의리가 깊고 얕은 것에 따라서 혹은 삼 년 동안 심상(心喪)[15]을 입고 혹은 일 년, 혹은 아홉 달, 혹은 다섯 달, 혹은 석 달 동안 복을 입는다. 친구에게는 아무리 정의가 중한 사이라 할지라도 석 달에 지나지 않는다. 스승의 초상에 삼 년이나 일 년 복을 입을 처지에 초상집에 가지 못할 때는 마땅히 아침저녁으로 신위를 설치하고 곡하다가 나흘 만에 그친다(나흘이 되던 날 아침에 그친다. 만일 정의가 두터운 처지라면 이 기한에 얽매일 필요는 없다).

대체로 복을 입는 자는 매달 초하룻날 신위를 설치하고 그 복을 입고서 곡을 한다(스승이나 친구에게는 비록 복이 없어도 역시 이와 같이 한다). 복 입는 달수가 이미 찼으면 그달 초하룻날 신위를 설치하고 곡하고 나서 복을 벗는다. 그 중간에도 슬픈 생각이 나면 곡해도 된다.

대체로 대공 이상의 복을 입을 초상이면 장사 지내기 전에 아

---

15 마음으로 복을 입는 것

무 까닭도 없이 출입하지 못하며, 또한 남의 조문도 하지 못한다.

그리고 항상 초상 치르는 데 예에 맞도록 할 것만을 일삼는다.

상제장 제육
喪制章 第六

상제　　당일의주문공가례　약유의회처
喪制는 常一依朱文公家禮요 若有疑晦處면

즉질문우선생장자식예처　　필진기례 가야
則質問于先生長者識禮處하여 必盡其禮 可也니라

복시속례　필호소자　비례야　소자
復時俗例에 必呼小字는 非禮也니 少者는

즉유가호명　　장자　즉불필호명　　수생시소칭
則猶可呼名이라도 長者는 則不必呼名이요 隨生時所稱이

가야　부녀　우불의호명
可也니라(婦女는 尤不宜呼名이라)

모상　부재　즉부위상주　범축사
母喪에 不在어던 則父爲喪主니 凡祝辭에

개당용부고처지례야
皆當用夫告妻之例也니라

부모 초몰　처첩부급여자 개피발　남자
父母 初歿엔 妻妾婦及女子 皆被髮이요 男子는

즉피발흡상임도선　　소렴후　남자　즉단괄발
則被髮扱上衽徒跣이니라(小斂後엔 男子는 則袒括髮이요

부인　즉좌　약자위타인후자　급여자 이가자
婦人은 則髽니라) 若子 爲他人後者와 及女子 已嫁者는

개불피발도선　　남자　즉면관
皆不被髮徒跣이니라(男子는 則免冠)

尸^시

尸在牀이요 而未殯이면 男女 位于尸傍하되 則其位는

南上이니 以尸頭所在로 爲上也니라 旣殯之後면 女子는

則依前하여 位于堂上하되 南上이요 男女는 則位于階下하되

其位는 當北上이니 以殯所在로 爲上也니라 發引時의

男女之位는 復南上하되 以靈柩所在로 爲上也니

隨時變位하여 而各有禮意니라

今人은 多不解禮하여 每弔客致慰에 專不起動하고

只俯伏而已니 此非禮也라 弔客이 拜靈座而出이어던

則喪者 當出自喪次向弔客하여 再拜而哭이 可也니라(弔客은

當答拜니라)

衰絰은 非疾病 服役이면 則不可脫也니라

家禮에 父母之喪엔 成服之日에 始食粥하고

卒哭之日에 始疏食(糲飯也라) 水飮하고(不食羹也라)

不食菜果니라 小祥之後에 始食菜果니(羹亦可食) 禮文이

如此라 非有疾病이면 則當從禮文이니 人或有過禮하여

而啜粥三年者하니 若是誠孝出人하여 無一毫勉强之意면

則雖過禮^{즉수과례}라도 猶或可也^{유혹가야}니라 若誠孝未至^{약성효미지}하여 而勉强踰禮^{이면강유례}면

則是自欺^{즉시자기}요 而欺親也^{이기친야}니 切宜戒之^{절의계지}니라

今之識禮之家^{금지식례지가}는 多於葬後^{다어장후}에 返魂^{반혼}하니 此固正禮^{차고정례}라

但時人^{단시인}이 效嚬^{효빈}하여 遂廢廬墓之俗^{수폐여묘지속}하고 返魂之後^{반혼지후}에

各還其家^{각환기가}하여 與妻子^{여처자} 同處^{동처}하니 禮坊^{예방}이 大壞^{대괴}라

甚可寒心^{심가한심}이라 凡喪親者^{범상친자} 自度一一從禮^{자탁일일종례}하여 無毫分虧欠^{무호분휴흠}이면

則當依禮返魂^{즉당의례반혼}이요 如或未然^{여혹미연}이면 則當依舊俗廬墓^{즉당의구속여묘} 可也^{가야}니라

親喪^{친상}엔 成服之前^{성복지전}엔 哭泣^{곡읍}을 不絶於口^{불절어구}하고(氣盡^{기진}이면

則令婢僕代哭^{즉령비복대곡}이라) 葬前^{장전}엔 哭無定時^{곡무정시}하여 哀至 則哭^{애지 즉곡}이라

卒哭後^{졸곡후}엔 則朝夕^{즉조석}으로 哭二時而已^{곡이시이이}니 禮文^{예문}이 大槩如此^{대개여차}니라

若孝子情至^{약효자정지}면 則哭泣^{즉곡읍}이니 豈有定數哉^{기유정수재}아 凡喪^{범상}에

與其哀不足^{여기애부족}하고 而禮有餘也^{이예유여야}론 不若禮不足^{불약예부족} 而哀有餘也^{이애유여야}니

喪事^{상사}엔 不過盡其哀敬而已^{불과진기애경이이}니라

曾子曰^{증자왈} 人未有自致者也^{인미유자치자야}니 必也^{필야} 親喪乎^{친상호}인저 送死者^{송사자}는

事親之大節也^{사친지대절야}니 於此^{어차}에 不用其誠^{불용기성}이면 惡乎用其誠^{오호용기성}이리오

昔者^{석자}에 少連大連^{소련대련}이 善居喪^{선거상}하여 三日不怠^{삼일불태}하고

삼 월 불 해　　　기 비 애 삼 년 우　　　　차 시 거 상 지 칙 야
三月不懈하여 期悲哀三年憂하니 此是居喪之則也라

효 성 지 지 자　　즉 불 면 이 능 의　　　　여 유 불 급 자
孝誠之至者는 則不勉而能矣어니와 如有不及者어던

즉 면 이 급 지　가 야
則勉而及之 可也니라

　　인 지 거 상　　성 효 부 지　　　불 능 종 례 자　　고 부 족 도 의
人之居喪에 誠孝不至하여 不能從禮者는 固不足道矣어니와

간 유 질 미 이 미 학 자　　　도 지 집 례 지 위 효
間有質美 而未學者하여 徒知執禮之爲孝하고

이 부 지 상 생 지 실 정　　　과 어 애 훼 이 질　　이 작
而不知傷生之失正하여 過於哀毁 羸疾이 已作하여

이 불 인 종 권　　　이 지 멸 성 자 혹 유 지　　심 가 석 야　　시 고
而不忍從權하여 以至滅性者 或有之하니 深可惜也라 是故로

훼 척 상 생　　군 자 위 지 불 효
毁瘠傷生을 君子 謂之不孝니라

　　범 유 복 친 척 지 상　　약 타 처　　문 부　　즉 설 위 이 곡
凡有服親戚之喪에 若他處에 聞訃면 則設位而哭이요

약 분 상　　　즉 지 가 이 성 복　　약 불 분 상　　　즉 사 일
若奔喪이면 則至家而成服이며 若不奔喪이면 則四日에

성 복　　약 자 최 지 복　　즉 미 성 복 전 삼 일 중　　조 석 위 위
成服이요 若齊衰之服이면 則未成服前三日中에 朝夕爲位하고

회 곡　　자 최 강 대 공 자　　역 동
會哭이니라(齊衰 降大功者도 亦同이라)

　　사 우 지 의 중 자　　급 친 척 지 무 복 이 정 후 자
師友之義重者와 及親戚之無服 而情厚者와

여 범 상 지 지 분　　밀 자　　개 어 문 상 지 일　　약 도 원
與凡相知之分이 密者는 皆於聞喪之日에 若道遠하여

불 능 왕 림 기 상　　즉 설 위 이 곡　　　사
不能往臨其喪이면 則設位而哭이니라 師는

즉 수 기 정 의 심 천　　혹 심 상 삼 년 혹 기 년 혹 구 월 혹 오 월
則隨其情義深淺하여 或心喪三年 或期年 或九月 或五月

或三月이요 友는 則雖最重이라도 不過三月이니라 若師喪에
<small>혹삼월　　　우　　즉수최중　　　　불과삼월　　　　약사상</small>

欲行三年期年者 不能奔喪이면 則當朝夕으로 設位而哭이요
<small>욕행삼년기년자 불능분상　　　즉당조석　　　설위이곡</small>

四日而止니라(止於四日之朝라 若情重者는 則不止此限이라)
<small>사일이지　　　지어사일지조　약정중자　　즉부지차한</small>

凡遭服者는 每月 朔日에 設位하고 服其服하고
<small>범조복자　　매월 삭일　　설위　　　복기복</small>

而會哭이니라(師友는 雖無服이나 亦同이라) 月數 旣滿이면
<small>이회곡　　　　사우　　수무복　　　역동　　　월수 기만</small>

則於次月朔日에 設位하고 服其服이라야 會哭而除之니라
<small>즉어차월삭일　설위　　　복기복　　　　회곡이제지</small>

其間에 哀至어던 則哭이 可也니라
<small>기간　애지　　즉곡　가야</small>

凡大功以上喪엔 則未葬前엔 非有故 不可出入이요
<small>범대공이상상　　즉미장전　비유고 불사출입</small>

亦不可弔人이며 常以治喪講禮로 爲事니라
<small>역불가조인　　　상이치상강례　위사</small>

[해설]

이 상제(喪制)에 대해서는 저자도 주자의 『가례』에 따라서 행하
고, 만일 의심나는 곳이 있으면 선생이나 어른에게 물어서 행하
라고 했다. 부모가 죽었을 때 쓰는 상제, 이것을 여기서 구태여
일일이 들어 설명하고 싶지 않다. 증자가 말한 대로 오직 효성이
지극한 자는 힘쓰지 않고서도 잘할 수 있을 것이다.

그리고 여기서 한번 생각하고 싶은 것은 이런 제도에만 너무 구애받을 것이 아니라, 효성을 다하여 예를 행한다면 혹시 예법에 좀 어긋나는 점이 있더라도 그 사람의 효도가 잘못된 것은 아니라는 것이다. 그렇기 때문에 여기서는 예를 좇는 그 제도보다도 초상을 당한 사람의 효성을 중요하게 생각하는 의미에서 효도에 대한 이야기 몇 가지를 소개하기로 한다. 아래에 소개하는 효자 이야기 여섯 편은 『효행록(孝行錄)』에 있는 글들이다.

자식 팔아 어미를 봉양하다(明達賣子)

유명달(劉明達)이란 젊은이가 있었다. 그는 천성이 몹시 효성스러웠다. 아내와 함께 어머니를 모시고 사는데 여러 해 동안 흉년이 들어 도무지 어머니를 봉양할 길이 없었다. 그들 내외는 생각다 못해 늙은 어머니를 수레에 태워 명달은 앞에서 끌고 아내는 뒤에서 밀어 하양(河陽) 땅으로 가는 길이었다. 그런데 명달에게는 어린 자식이 하나 있었다. 철없는 어린 자식은 늙은 어머니에게 갖다 바치는 음식을 곧잘 빼앗아 먹곤 했다. 명달 내외는 이것이 몹시 안타까웠다. 변변치 못한 노자는 거의 없어졌는데 하양 땅은 아직도 멀었다. 그렇다고 늙은 어머니를 굶겨서 갈수도 없는 노릇이었다. 그들은 궁리 끝에 그 어린 자식을 남에게 팔기로 합의했다. 자식을 팔아 받은 돈 오백 냥으로 늙은 어머니는 넉넉히 봉양할 수가 있었다. 하지만 명달의 아내는 차마 우는 어린 자식을 떼 버리고 길을 떠날 수가 없었다. 그래서 참다못해 한 쪽 젖을 잘라서 우는 아이의 입에 물려 주고 돌아섰다. 얼마 후 하양 땅에 당도한 그들 내외는 계속 성심껏 어머니를 봉양하여 남은 세월을 편안히 살다가 가게 했다.

"옛날에 유명달이란 사람 있어, 아내와 함께 수레를 끄네.

해마다 흉년이라, 어미를 싣고 곡식 있는 땅으로 옮겨 가네.

어린 자식 어미의 먹을 것 뺏는 것이 안타까워, 자식을 업어다가 팔아 버렸네.

자식 팔아 얻은 돈 오백 냥으로, 맛있는 음식 갖추어 어미에게 드리네.

그러나 아내는 차마 떠나지 못해, 젖을 베어 자식 주고 돌아서 가네.

전심으로 여생을 봉양하는 그 효성, 처음부터 끝까지 한결같아 변치 않았네."

昔劉明達(석유명달) 共妻挽車(공처만거)

年老載母(연로재모) 就粟移居(취속이거)

恐侵母膳(공침모선) 持賣幼子(지매유자)

獲錢五百(획전오백) 以備甘旨(이비감지)

妻不忍別(처불인별) 割乳而歸(할유이귀)

專心孝養(전심효양) 終始無遞(종시무체)

대체로 사람에게 사랑은 자식에게보다 더 큰 것이 없고, 아끼는 것은 자기 몸보다 더한 것이 없다. 그런데 명달 부부는 효성이 간절해서 차라리 내 자식을 팔지언정 차마 어머니의 먹는 것을 떨어뜨릴 수는 없다고 생각했다. 또 차라리 내 젖을 베일지언정 차마 어머니의 배를 고프게 할 수는 없다고 생각했다. 그러니이 아내가 아니면 또 어찌 이 남편이 있었겠는가? 이야말로 지극한 효성이다.

사슴 젖 얻으려다 화살에 맞다(琰子入鹿)

염자(琰子)는 가이국(迦夷國) 사람이다. 그 부모가 나이 많고 더욱이 두 눈까지 멀어서 마음대로 다니지도 못했다. 이에 염자는 사슴의 젖을 구해다가 부모를 봉양할 마음을 먹고 사슴의 가죽을 몸뚱이에 쓰고 사슴 떼 속으로 기어 들어갔다. 사슴들은 제 동료인 줄 알고 아무렇지도 않게 있었다. 이리하여 염자는 미리 준비한 그릇에 사슴의 젖을 짜려 하였다. 그러나 이때 갑자기 국왕이 사냥을 나왔다. 국왕은 산속에서 사슴 떼를 보자 주저 없이 활을 당겨 쏘았다. 그런데 그 화살은 염자의 등에 꽂힌 것이 아닌가? 화살에 맞은 염자는 큰소리로 외쳤다. "왕께서 쏘신 이 화살 하나가 세 식구를 죽이십니다." 난데없는 목소리에 국왕은 종자들을 시켜 사연을 물었다. "이 어인 사람의 목소리냐?" 그러자 종자는 눈물 나는 사정을 전해 왔다. 염자는 종자에게 이렇게 말했다. "이 몸이 죽으면 우리 부모도 모두 따라서 죽습니다." 이 소식을 듣고 허둥지둥 달려온 염자의 부모는 염자의 시체를 껴안고 대성통곡했다. 이 울음소리는 너무 처량하여 천궁에까지 들렸다. 이리하여 천제가 염자의 입에 약을 불어넣어 주자 염자는 아무 일도 없었다는 듯이 깨어났고, 이 사실을 지켜본 국왕은 그 효심에 감동하여 많은 돈과 곡식을 내려 염자가 그 부모를 마음껏 봉양하게 했다는 이야기다.

"염자는 불행한 사나이, 그 부모 모두 눈이 멀었네.
늙고 또 병들어 먹지 못하니, 사슴의 젖 짜다 드릴 마음 먹었네.
사슴의 껍질을 몸에 쓰고서 사슴 떼 속으로 뛰어들었네.
그러나 갑자기 사냥꾼 만나, 화살 하나에 맞아 쓰러졌네.
소경 내외 와서 어루만지며, 땅을 치고 하늘에 부르짖네.
천제가 이를 알고 약을 내려 입에 넣어 소생시켰네."
琰子不幸(염자불행) 二親俱瞽(이친구고)
又老且病(우로차병) 思欲鹿乳(사욕록유)

乃蒙其皮(내몽기피) 入群求取(입군구취)

忽遭獵客(홀조엽객) 一矢而殂(일시이조)

瞽親來撫(고친래무) 地擗天呼(지벽천호)

天帝賜藥(천제사약) 入口更蘇(입구경소)

사슴의 떼 속에 들어가서 사슴의 젖을 얻으려다가 사냥꾼의 화살에 맞았으니 이렇게 효성이 지극할 수가 있으며, 또 왜 이다지 사나운 화를 당한단 말인가? 그러나 마침내 약을 먹고 소생했으니 이는 하늘의 보응이 있다고 믿을 수 있겠다.

살을 찔러 아버지의 시체를 찾다(少玄鑱膚)

왕소현(王少玄)은 부주(傅州) 사람이다. 그 아버지가 수나라 말년 난리 속에 죽었는데 그때 소현의 나이 겨우 열 살이었다. 그러나 소현은 똑똑한 소년으로 어머니에게 아버지 계신 곳을 물으니 어머니도 아들에게 사실대로 말할 수밖에 없었다.

소년은 어머니에게 아버지의 죽음을 듣고 슬피 울면서 아버지의 시체를 찾으러 나섰다. 그러나 그 당시 난리에 죽은 사람은 수없이 많아 들판에는 시체가 산더미처럼 쌓여 있었다. 소년은 도저히 아버지의 시체를 찾을 길이 없었다.

그러나 이때 소현의 효성에 감동한 어떤 사람이 이런 말을 들려주었다 "아들의 피를 흘려 넣어서 그 피가 살 속으로 스며들면 그것이 바로 아버지의 시체일 것이다."

이 말을 들은 소현은 시체에 자신의 피를 떨어뜨리며 몇 달을 찾아 헤맨 끝에 드디어 아버지의 시체를 찾다가 장사 지냈다.

"소현의 나이 열 살인데도 울면서 그 아버지 시체를 찾네.

살을 갈라 피를 내어 스며드는 시체를 찾아 장사 지냈네.

아버지와 자식은 한 몸뚱이인 것, 죽고 사는 것도 한 가지 이치일세.

신명에 감동하여 드디어 통함이 마침내 이런 데 이르렀도다."

少玄十歲(소현십세) 泣求父骸(읍구부해)

鑱膚滴血(참부적혈) 滲者收埋(삼자수매)

父子一身(부자일신) 死生一理(사생일리)

感而遂通(감이수통) 乃至於此(내지어차)

살을 갈라 피를 내어 아버지의 시체를 찾았으니 이 소년이야말로 장하고 용맹스럽다 하겠다. 소현이 열 살 나이에 능히 남이 못할 이런 일을 했으니, 비할 바 없이 지극한 효성이다.

계모에게도 효성을 다하다(世通永慕)

곽세통(郭世通)은 열네 살에 아버지를 여의고 정성껏 삼년상을 치렀으나 그래도 슬픈 마음을 참지 못했다.

그에게는 계모가 있었다. 그는 집이 가난해서 품팔이를 해 효성껏 계모를 봉양하였다. 그 후 계모 또한 죽었다. 세통은 손수 흙을 져다가 무덤을 만들고 몸이 다하도록 사모하는 마음을 금치 못하여 한 번도 옷을 벗어 본 일이 없었다.

어느 날 그는 품팔이를 해 주고 솥 하나를 얻었는데 그 안에는 돈 천 냥이 들어 있었다. 뒤늦게 이것을 안 세통은 솥을 도로 지고 그 주인에게 가서 사실을 말하고 돈을 돌려주려 했다. 그러나 주인 역시 자기 물건이 아니라고 세통에게 내주었다.

"어려서 아버지를 여의고, 품팔이해서 계모를 봉양했네.
흙을 져다가 무덤을 만드니, 계모 섬김이 후하다 하겠도다.
한 번도 옷을 벗지 않고, 길이길이 그를 사모했네.
주인 찾아 돈을 돌려주려 하니 더욱 그의 마음 깊음을 알겠도다."

幼而喪父(유이상부) 傭而養母(용이양모)

負討營墳(부토영분) 送經也厚(송경야후)

衣不嘗釋(의불상석) 永慕於後(영묘어후)

問主還錢(문주환전) 益見所守(익견소수)

계모에게 아버지가 살아 있는 동안에도 효도를 하는 사람이 드문 것이 사실이다. 그런데 더구나 그 아버지가 죽은 뒤에도 계모에게 효도하는 사람이 있겠는가? 세통은 또 그 계모가 죽자 몸소 흙을 져다가 무덤을 만들었고 계속하여 자기 몸이 다하도록 계모를 사모했으니 그 효성의 간절함이야말로 지극하다 아니 할 수 없다.

세통은 또 장거리에서 잘못 천금을 얻은 것을 도로 주인을 찾아 주었으니 그의 어질고 깊은 마음을 헤아려 볼 수가 있다.

개를 꾸짖었다고 아내를 내쫓다(鮑永去妻)

한나라 사람 포영(鮑永)의 이야기다.

그는 아내가 어머니 앞에서 개를 몹시 꾸짖었다 해서 아내를 내보냈다.

"아내 얻는 것은 부모를 위함이요, 내 한 몸 위하는 것 아닐세.
부모 앞에서 개 꾸짖는 것, 이것은 이미 옳지 못한 일.
이 버릇 그대로 내버려 두었다가는, 과실이 장차 한없이 커질 것.
책망하고 내쫓아 버려, 딴 데로 시집가게 하는 게 옳다."
娶妻爲親(취처위친) 非爲我也(비위아야)
叱狗於前(질구어전) 已不可也(이불가야)

狃而玩之(유이완지) 過將大也(과장대야)
責而出之(책이출지) 令可嫁也(영가가야)

『예기』에 보면 "존장(尊長) 앞에서는 개도 꾸짖지 않는다" 했으니 이것은 예법의 작은 한 토막이다. 이제 포영의 아내가 시어머니 앞에서 개를 꾸짖었으니 이것은 예법을 알지 못하고 조그만 과실을 범한 것이다. 그러니 마땅히 용서해 주어야 할 일이다. 그런데도 포영은 아내를 내보냈으니 이것은 그 어머니를 공경하는 마음이 중하기 때문이다.

또 포영은 아내가 저지른 죄를 분명히 말하지 않았는데, 이는 아내가 다른 사람에게 시집가는 길을 열어 주기 위한 것이다. 아내가 큰 과실을 범하기 전에 조그만 일만을 책망해서 내보내는 편이 그녀가 다른 사람에게 다시 시집갈 수 있는 길을 열어 줄 것이라고 생각했을 것이다. 이야말로 참으로 충후(忠厚)한 마음씨가 아니겠는가?

어머니를 살리려 울면서 애걸하다(江革自傭)

강혁(江革)은 나이 어려서 아버지를 잃고 홀로 어머니와 같이 살고 있었다. 그러나 이 강혁 모자 앞에 큰 난리가 닥쳐왔다. 그는 하는 수 없이 늙은 어머니를 업고 난리를 피해 산길로 도망쳤

으나 그만 도둑 떼를 만났다. 강혁은 어머니를 껴안은 채 도둑에게 애걸했다.

"우리 어머니를 해치지 마시오."

도둑들도 강혁이 애걸하는 모습을 보고 그 효성에 감동하여 차마 죽이지 못하고 놓아 보냈다.

죽을 고비를 넘긴 강혁은 다시 어머니를 업고 하비 땅으로 가서 품팔이를 해 정성껏 어머니를 봉양했다. 어머니를 봉양하는 동안 그는 특히 자기 어머니가 좋아하는 것은 무엇이든지 마련해 바쳤다.

"강혁 소년 어머니를 업고, 난리 피해 고향을 떠났네.

도둑 만나 애걸하자, 그들도 차마 그들 모자 죽이지 못했네.

마음껏 효성을 다해 섬겨, 어머니 봉양코자 품팔이했네.

그 어머니 편한 물건 있으면, 무엇이나 기어이 마련해 바쳤네."

江革負母(강혁부모) 逃亂異鄕(도난이향)

遇賊陳款(우적진관) 賊不忍傷(적불인상)

盡心於孝(진심어효) 備養於傭(비양어용)

便身何物(편신하물) 有不畢供(유불필공)

어머니를 업고 난리를 피해서 품팔이해 그를 봉양하고 더욱이 그 어머니가 편하게 여기는 물건이 있으면 무엇이나 이것을 마련해 바쳤다.

그러니 그가 평시에 어머니를 진심껏 봉양하여 능히 효자의 착한 행실을 행했다는 것은 더 말할 나위도 없을 것이다.

7
제례장(祭禮章)

제사를 올리는 일은 마땅히 『가례』에 따라서 해야 한다. 반드시 사당을 세워 조상의 신주를 모시고 또 제전(祭田)[1]을 두고 또 제기를 마련하는데 이렇게 한 뒤에 제사 올리는 일은 언제나 종자(宗子)[2]가 주관해서 한다.

　이 사당을 주관해 모시고 있는 자는 날마다 새벽이 되면 대문 안에 들어가 뵙고 두 번 절한다(비록 주인이 아닌 사람이라도 역시 주인을 따라서 함께 뵙고 절하는 것이 무방하다). 또 출입할 때는 반

1　조상의 제사를 지내는 비용을 마련하기 위해 경작하던 논밭
2　종가의 맏아들

드시 나아가서 고한다.

혹 수재나 화재를 만났거나 또 도둑이 들었을 때는 맨 먼저 사당부터 구원하여 신주를 다른 곳으로 모시고, 또 조상이 써 놓으신 글이 있으면 이런 것을 옮겨 놓은 다음에 제기를 옮겨 놓는다. 그 밖의 집안 재물은 그다음에 옮긴다. 정월 초하룻날, 동짓날, 매달 초하루·보름이면 사당에 나가 뵙고 또 속절(俗節)³에 당하면 천신(薦新)⁴ 한다.

시제(時祭)⁵를 지내려면 산재(散齋)⁶를 나흘 동안 하고 치재(致齋)⁷를 사흘 동안 한다. 기제(忌祭)⁸를 지낼 때는 산재를 이틀 동안 하고 치재를 하루 동안 한다. 또 참례(參禮)⁹할 때는 하루 동안 재숙(齋宿)¹⁰을 한다. 여기서 말한 이른바 산재란 무엇인가? 이것은 즉 남의 초상집에 가서 조문하지 않고, 남의 병을 묻지도 않고, 마늘을 먹지 않고, 술을 마셔 어지러운 데 이르지 않고, 모

---

3 제삿날 이외에 철을 따라 사당이나 선영에 다례를 지내는 날
4 새로 나온 곡식이나 과실을 신에게 바치는 것
5 철마다 지내는 제사. 시향(時享)
6 치재하기에 앞서 며칠 동안 몸이나 행동을 삼가던 일
7 제관(祭官)이 된 사람이 사흘 동안 몸을 깨끗이 하고 삼가던 일
8 부모가 죽은 날 지내는 제사. 기제사(忌祭祀)
9 제사에 참석하는 것
10 재계하면서 하룻밤을 지내는 것

든 흉하고 더러운 일에 간섭하지 않는다는 말이다(만일 길을 가다가 졸지에 흉하고 더러운 것을 만나면 눈을 감고 피할 것이며 바로 보지 않는다). 다음으로 이른바 치재란 무엇인가? 그것은 난잡한 음악을 듣지 않고 출입하지 않으며, 마음을 오직 제사 지낼 일만 생각하는 것이다. 이렇게 하여 오직 그분이 거처하던 일만 생각하고, 그분이 하던 우스운 말을 생각하고, 그분의 즐겁던 일을 생각하고, 그분이 좋아하던 일들을 생각하는 것을 말한다. 이렇게 한 뒤라야만 제사 때 그분의 모습을 눈앞에 보는 듯하며, 그분의 목소리를 귓가에 듣는 듯하여 정성이 나타나고 신이 와서 흠향하게 된다.

제주(祭主)가 된 자는 이렇게 해서 사랑하는 마음과 공경하는 정성을 다할 뿐이다. 만일 집이 가난하면 자기 집안에 있고 없는 물건을 가량해서 할 것이고, 만일 병이 있을 때는 자기 조력을 짐작해서 행해야 한다. 그리고 자기 재력으로 할 만한 일이라면 무엇이든지 마땅히 예법에 따라 할 일이다.

묘제(墓祭)[11]와 기제(忌祭)를 지금 세상 풍속에서는 돌려 가면서 지내는데 이것은 예가 아니다. 묘제는 비록 돌려 가면서 지낸다 하더라도 모두 무덤 앞에서 지내는 것이니 오히려 상관없다

---

11 무덤 앞에서 지내는 제사

고 하겠다. 하지만 기제를 만일 돌려 가면서 지낸다면 사당에 모신 신주에게 지내지 못하고 다만 지방(紙榜)[12]에 지내게 될 것이니 이는 몹시 미안한 일이다. 그러니 돌려 가면서 지내지 않을 수 없는 형편이거든 모름지기 제사 음식을 차려 가지고 가묘(家廟)에 가서 지내는 것이 그래도 옳을 것이다.

상중의 일과 제사 지내는 일은 남의 자식 된 자로서 가장 정성을 다할 일이다. 이미 돌아가신 부모는 다시 봉양할 수가 없다. 그러하니 상중에 예를 다하지 못하고 또 제사 때 정성을 다하지 못한다면 하늘이 다하도록 아픈 마음을 어디다 풀 것이며, 또 어느 때에 풀 것인가? 그렇다면 사람의 자식 된 정리가 어떻겠는가?

증자는 말하기를, "부모가 돌아갔을 때 일을 삼가서 하고 돌아간 뒤에 부모를 생각한다면 백성들의 덕을 생각하는 마음씨가 두터운 곳으로 돌아가리라" 했다. 그런즉 사람의 자식 된 자들은 마땅히 깊이 생각해야 할 일이다. 지금 사람들은 예법을 알지 못하는 자가 많다. 그래서 제사 지내는 절차가 집집이 모두 같지 않으니 몹시 우스운 일이다. 이것을 만일 한 가지로 통일해서 예법에 맞도록 하지 않는다면 마침내는 어지럽고 질서 없이 되어 버려서 오랑캐의 풍속으로 돌아가 버리고 말 것이다.

---

12 종잇조각에 지방문을 써서 만든 신주

그 때문에 이 책 끝에 제례를 부록으로 붙이고 또 그림까지 그려 붙이는 터이다. 그러니 모든 사람은 이것을 자세히 살펴서 이대로 행하도록 할 것이다. 만일 부형들이 이렇게 행하지 않으려 하거든 마땅히 간곡하고 자세하게 말씀드려 기어이 옳게 하도록 하라.

제례장 제칠
祭禮章 第七

제사   당의가례   필입사당   이봉선주
祭祀는 當依家禮하여 必立祠堂하여 以奉先主하고

치제전   구제기   종자주지
置祭田하고 具祭器하되 宗子主之니라

주사당자   매신   알우대문지내
主祠堂者는 每晨에 謁于大門之內하여

재배   수비주인   수주인   동알   무방
再拜하고(雖非主人이라도 隨主人하여 同謁이 無妨이니라)

출입필고
出入必告니라

혹유수화도적   즉선구사당   천신주 유서
或有水火盜賊이면 則先救祠堂하여 遷神主 遺書하고

차급제기연후   급가재
次及祭器然後에 及家財니라

정 정조 지 동지 삭 일일 망 십오일   즉참   속절
正(正朝) 至(冬至) 朔(一日) 望(十五日)엔 則參하고 俗節엔

즉천이시식
則薦以時食이니라

時祭^{시제}엔 則散齋四日^{즉산재사일}하고 致齋三日^{치재삼일}이니라 忌祭^{기제}엔

則散齋二日^{즉산재이일} 致齋一日^{치재일일}이며 參禮^{참례}엔 則齋宿一日^{즉재숙일일}이니

所謂散齋者^{소위산재자}는 不弔喪^{부조상} 不問疾^{불문질} 不茹葷^{불여훈}이며 飮酒^{음주}에

不得至亂^{부득지란}이니라 凡凶穢之事^{범흉예지사}는 皆不得預^{개부득예}니라(若路中^{약노중}

猝遇凶穢^{졸우흉예} 則掩目而避^{즉엄목이피}요 不可視也^{불가시야}니라) 所謂致齋者^{소위치재자}는

不廳樂^{불청악}하며 不出入^{불출입}하고 專心想念^{전심상념}이며 所祭之人^{소제지인}은

思其居處^{사기거처}하고 思其笑語^{사기소어} 思其所樂^{사기소락}하며 思其所嗜之謂也^{사기소기지위야}라

夫然後^{부연후}에 當祭之時^{당제지시}하여는 如見其形^{여견기형}하고 如聞其聲^{여문기성}하여

誠至而神享也^{성지이신향아}니라

凡祭主^{범제주}는 於盡愛敬之誠而已^{어진애경지성이이}니 貧則稱家之有無^{빈즉칭가지유무}하고

疾則量筋力而行之^{질즉양근력이행지}며 財力可及者^{재력가급자}는 自當如儀^{자당여의}니라

墓祭^{묘제} 忌祭^{기제}에 世俗^{세속}에 輪行^{윤행}은 非禮也^{비례야}라 墓祭^{묘제}는

則雖輪行^{즉수윤행}이라도 皆祭于墓上^{개제우묘상}이니 猶之可也^{유지가야}어니와

忌祭^{기제}는 不祭于神主^{부제우신주}하고 而乃祭于紙榜^{이급제우지방}하니 此甚未安^{차심미안}이라

雖不免輪行^{수불면윤행}이라도 須具祭饌^{수구제찬}하여 行于家廟^{행우가묘} 庶乎可矣^{서호가의}니라

喪祭二禮^{상제이례}는 最是人子致誠處也^{최시인자치성처야}라 已沒之親^{이몰지친}은

불가추양　　　　약비상진기례　　　　제진기성　　　　즉종천지통
不可追養이니 若非喪盡其禮하고 祭盡其誠이면 則終天之痛을

무사가우　　　무시가설야　　　어인자지정　　　당하여재
無事可寓요 無時可洩也니 於人子之情에 當何如哉아

증자왈 신종추원　　　민덕　귀후의　　　　위인자자
曾子曰 愼終追遠이면 民德이 歸厚矣라 하니 爲人子者

소당심념야
所當深念也니라

　금속　　다불식례　　　기행재지의 가가부동
　今俗엔 多不識禮하여 其行祭之儀 家家不同하니

심가소야　　약불일재지이례　　　즉종불면문란무서
甚可笑也라 若不一裁之以禮면 則終不免紊亂無序하여

귀어이로지풍의　　　자초제례　　　부록우후
歸於夷虜之風矣라 玆抄祭禮하여 附錄于後하고

차위지도　　　수상심방행　　　이약부형　　불욕
且爲之圖하노니 須詳審倣行이요 而若父兄이 不欲이어던

즉당위곡진달　　　기어귀정
則當委曲陳達하여 期於歸正이니라

[해설]

이 「제례장」에서는 부모나 조상의 제사를 지내는 제도에 대해서
말했다. 저자는 이것도 마땅히 『가례』에 따라서 행하면 된다고
한다. 제례에 관한 제도·절차 등은 이 책 끝에 붙인 부록 제의(祭
儀)에서 어느 정도 구체적으로 나와 있기 때문에 여기서는 다만
부모에 대한 효도 이야기만을 몇 가지 더 소개하기로 한다.

공자는 일찍이 이렇게 말했다. "아버지가 살아서는 그 아버지가 가진 뜻을 보고, 아버지가 죽으면 그 아버지가 행하던 행동을 보는 것이다. 그러니 아버지가 죽은 뒤에 삼 년 동안 아버지가 하던 일을 고치지 않아야만 이것을 과연 효도라고 할 것이다." 이것은 무슨 말인가? 즉 아버지가 살아 있을 때는 자식으로서 제 맘대로 모든 일을 행하지 못한다. 그 아버지의 뜻을 받들어 행해야 한다. 또 아버지가 죽은 뒤에는 그 아버지가 행하던 행동을 좇아서 해야 한다. 그리고 아버지가 죽으면 삼 년 동안 아버지가 하던 일을 고치지 말아야 한다는 것이다. 이렇게 해야만 이것을 진정한 효도라 할 수 있다는 말이다.

내칙(內則)에는 또 이런 말이 있다. "부모가 아무리 죽었더라도 자기가 장차 착한 일을 하려면 그것이 부모에게 아름다운 이름이 끼칠 것을 생각하여 과단성 있게 해야 한다. 또 장차 착하지 못한 일을 하게 될 때는 그것으로 부모에게 부끄러움과 욕이 미칠까 걱정하여 그 일을 행하지 말아야 한다."

착한 일이라면 서슴지 않고 해야 한다는 것은 여기에서 비로소 말하는 것이 아닐 것이다. 이 착한 일을 할 때는, '옳다. 이 일을 하면 이로 인해서 그 아름다운 명예가 우리 부모에게 미치겠구나' 이렇게 생각하고 착한 일을 서둘러 행하라는 말이다.

또 이와 반대로 착하지 못한 일을 행할 때는 '아니다. 이런 일을 했다가는 이 일로 인해서 우리 부모에게 치욕의 더러움이 미치겠구나. 이것을 내가 해서는 안 된다' 이렇게 생각하고 착하지 못한 일을 행하지 말라는 말이다. 효성이 지극하지 않으면 능히 하지 못할 일이다.

『예기』「제의편(祭義篇)」에 보면 이런 말이 있다.

"서리와 이슬이 이미 내리면 군자는 이것을 밟고 반드시 슬픈 마음이 있는 것이니, 이것은 추위가 온다고 해서 그러는 것이 아니다. 또 봄이 되어 비와 이슬이 내려도 군자는 이것을 밟고 반드시 놀라는 마음이 있는 것이니 이는 세월이 가는 것을 놀라는 것이다."

군자는 그 부모를 섬기는 일을 몸이 다하도록 잊지 않는다. 그 때문에 기후가 바뀌고 절후가 고쳐져서 자기 눈으로 보는 것이 달라질 때면 언제나 그 마음속에 감동하는 바가 있게 마련이다. 가령 가을철이 짙어 만 가지 물건이 시들고 쇠퇴해 갈 때 서리 밟는 소리가 귀에 들려오면 자연히 처참하고 슬픈 마음을 금할 수가 없다는 것이다. 또 봄볕이 따뜻하여 만 가지 물건이 새로 생겨 싹트고 있을 때 비나 이슬이 온 땅을 밟으면 마음이 울적하여 세월이 흐르는 것에 새삼 놀란다는 말이다. 서리가 왔다고 해서 추위를 느껴 놀라는 것이 아니다. 비나 이슬이 내렸다고 해서 따뜻한 것을 생각하여 놀라는 것이 아니다. 봄은 오는데 우리 부모는 왜 오시지 못하는가 하는 마음, 가을이 왔어도 부모는 다시 뵐 수 없겠지 하는 마음, 그것을 우리는 배우고 본받아야 할 것이다.

이것도 제의에 있는 말이다. "치재는 안에서 하고, 산재는 밖에서 한다. 재계하는 날에는 부모가 거처하던 곳을 생각하고 부모가 웃고 말하던 것을 생각한다. 또 부모가 뜻하고 생각하던 바를 생각하고, 즐거워하던 것을 생각하고, 좋아하던 것을 생각한다. 이렇게 사흘 동안 재계를 한 다음에야 비로소 재계했다고 할 수 있을 것이다."

또 이렇게 말했다. "제사 지내는 날 방에 들어가면 부모께서 그 자리에 계신 듯이 보인다. 또 뜰 안을 거닐 때는 부모의 음성이 들리는 듯해서 놀란다. 그러나 제사가 끝나고 밖에 나가서는 실지로 뵙고 듣지 못하는 것을 탄식하게 된다."

방에 들어가서는 부모가 자리에 계신 것처럼 여기는 마음, 방문 밖에 나가서는 부모의 음성이 귓가에 들리는 듯 의심하는 마음이야말로 진정 효자의 제사 지내는 태도일 것이다.

『예기』「곡례편(曲禮篇)」에 이런 말이 있다. "군자는 아무리 가난해도 제기는 팔지 않으며, 아무리 추워도 제복(祭服)은 입지 않는다. 그리고 집을 지을 때도 묘소 근처에 있는 나무는 베지 않는다. 제기를 팔아먹으면 이것은 제사를 지내지 않는다는 것이나 마찬가지다. 제복을 평시에 입고 있으면 이것은 부모를 공경하는 뜻이 아니다. 또 묘소 근처에 있는 나무는 부모 계신 곳을 보호하는 나무이다. 이것을 벤다는 것은 부모를 소홀히 여기고, 자기 일신이 거처할 살림집만 소중히 여기는 것이 되니 이것은 안 된다는 이야기다."

다음은 공자가 그의 제자 증자에게 한 효도에 대한 이야기 몇 구절을 소개한다.

"부모가 나를 낳으셨으니 대를 잇는 것이 이보다 더 큰 것이 없고, 임금이 친히 다스리시니 나에게 후하게 하는 것이 이보다 더 중한 것이 없다. 그러므로 제 부모를 사랑하지 않고 남을 사랑하는 자를 가리켜 덕을 거스른다고 하고, 또 제 부모를 공경하지 않고 남을 공경하는 자를 가리켜 예를 거스른다고 하는 것이다."

"효자가 그 부모를 섬기는 데 있어 집에 거처할 때는 공경하는 것을 극진히 하고, 봉양할 적에는 즐거움을 극진히 하고, 또 병이 있을 때는 사랑하는 마음을 다하여 병을 보살피고, 초상이 나서는 슬픈 마음을 다하여 삼년상을 치르고, 제사 지낼 때는 엄숙한 태도를 극진히 한다. 이 다섯 가지가 모두 갖추어진 연후에라야 그 사람이 능히 부모를 섬긴다고 말할 수 있을 것이다."

"부모를 섬기는 자는 윗자리에 있으면서도 교만하지 않고, 아랫자리에 있으면서도 어지러움을 피우지 않고, 추한 데 있으면서도 남과 다투지 않는다. 윗자리에 있으면서 교만하면 그 사람은 망하는 법이요, 아랫자리에 있으면서 어지러움을 피우면 형벌을 받게 마련이요, 추한 곳에 있으면서 남과 다투면 남에게 해를 입는 것이다. 그러니 이 세 가지를 버리지 않고서는 아무리 날마다 소나 양, 돼지 같은 세 가지 고기를 봉양한다 해도 불효임을 면치 못할 것이다."

『예기』에 있는 효도에 대한 몇 가지 교훈을 들어 본다.
"부모가 계시면 감히 제 몸뚱이가 있는 체하지 못하며, 감히 재물을 사사롭게 하지 못하니 이것은 백성들에게 상하가 있다는 것을 보여 주기 위한 것이다."

"부모가 계시면 남에게 주는 물건을 수레나 말에 실어 보내지 못하니 이것은 사람들에게 재물을 감히 제 맘대로 못한다는 것을 보여 주기 위한 것이다."

"아버지가 부르시면 대답하기가 무섭게 달려가고, 선생님이 부르시면 대답하고 나서 일어나 앞으로 나아가는 것이다."

"아버지가 부르시면 대답하기가 무섭게 달려가고, 만일 손에 일거리를 들었으면 그것을 던지고 가며, 밥이 입에 들었으면 그 밥을 뱉고 달려가는 것이다. 부모가 늙었으면 출입을 해도 이곳에서 저곳으로 옮겨 가지 않으며, 돌아올 시기를 어기지 않는다. 또 부모가 병이 있으면 얼굴빛을 좋게 갖지 않는 것이니 이것이 효자의 간략한 예절이다.

아버지가 죽어도 차마 그 아버지가 보던 책을 읽지 못하는 것은 그 책에 아직도 아버지의 손때가 묻어 있기 때문이며, 어머니가 죽어도 어머니가 쓰던 그릇으로 음식을 먹지 못하는 것은 어머니의 입김이 아직도 남아 있는 것 같아서이다."

"부모가 만일 허물이 있거든 기운을 화평하게 하고 얼굴빛을 부드럽게 하고, 또 목소리를 순하게 하여 간한다. 그러나 아무리 간해 봐도 그 간하는 말을 받아들이지 않을 때는 더욱 공경하고 더욱 효도하여 부모가 기뻐할 때를 기다려서 다시 간하는 것이다. 만일 부모가 기뻐하지 않더라도 부모가 향당이나 그 고을에서 죄를 짓는 것보다는 나을 것이니 차라리 거듭 간해야 한다.

또 부모가 노해서 자기를 때려 피가 흐르더라도 감히 부모를 미워하고 원망하지 못하는 것이요, 이럴수록 더욱 공경하고 더욱 효도해야 하는 것이다."

"자식이 부모를 섬기는 데 있어 세 번 간해도 듣지 않으면 울부짖으면서 따라가는 것이다."

다음은 공자의 제자 중에서 효자로 이름이 높은 증자의 말 몇 구절을 더 인용한다.

"효자가 늙은 부모를 봉양할 때는 그 마음을 기쁘게 하며, 그 뜻을 어기지 말며, 그 귀와 눈을 즐겁게 해 드리며, 자고 쉬는 곳을 편하게 해 드리며, 또 음식을 맛있게 해서 봉양하는 것이다. 그러므로 부모가 사랑하는 바를 자기도 역시 사랑하며, 부모가 공경하는 바를 자기도 역시 공경하는 것이다.

개나 말도 모두 그러한데 하물며 사람은 어떠하겠는가?"

"부모가 자기를 사랑하시면 기뻐해서 이것을 잊지 않고, 만일 부모가 미워하시면 두려워하지만 원망하지 않는다. 또 부모가 과오가 있으면 간하고 거역하지는 않는다."

"이 몸은 부모가 남겨 준 것이니 이 몸을 가지고 행동하면서 어찌 부모를 공경하지 않겠는가? 몸가짐을 엄정하게 하지 않는 것은 효도가 아니며, 임금을 섬기는 데 충성하지 않는 것도 효도가 아니다. 또 벼슬자리에 있으면서 남에게 공손하지 않은 것도 효도가 아니며, 친구끼리 믿음이 없는 것도 효도가 아니다. 또 전쟁에 나가서 용맹이 없는 것도 효도가 아니다.

그러니 이 다섯 가지를 온전히 하지 못하면 그 재앙이 결국 부모에게 미칠 것이니 어찌 감히 공경하지 않겠는가?"

8
거가장(居家章)

집에 있을 때는 마땅히 삼가 예법을 지켜서 자기들의 처자와 모든 집안사람을 거느리고 이들에게 모두 각각 직책을 나누어 주고, 또 저마다 할 일을 맡겨 준다. 그리하여 그들이 성과를 올리도록 늘 감독하고 독려해야 한다. 재물의 소비를 절제하여 수입을 따져서 지출하도록 하고 또 집안 재산을 절약해서 어른이나 아이들의 옷과 음식에 쓰도록 한다. 또 길한 일이나 흉한 일을 당했을 때도 모두 절도에 맞추어 쓰도록 하고 조금도 낭비하는 것이 없도록 제재해야 한다. 또 화려하고 사치스러운 것을 금하고 항상 저축이 조금씩이라도 있도록 예비했다가 불시에 일이 생겼을 때 쓰도록 한다.

관혼(冠婚)의 제도는 마땅히 『가례』에 따라서 하고 억지로 풍속을 따를 필요는 없다.

형제는 같은 부모에게서 몸뚱이를 물려받은 터이니 둘은 모두 한 몸뚱이와 같다. 그러니 마땅히 그와 나 사이에 간격이 있다고 보아서는 안 된다. 음식이나 의복이 있고 없는 것을 마땅히 모두 함께해야 할 것이다. 그러니 가령 형은 주리고 아우만 배가 부르거나, 아우는 춥고 형만이 따뜻하게 있다고 한다면 이것은 마치 한 몸뚱이 안에 있는 사지 중에서 어느 한 편은 병들고 다른 한쪽은 튼튼한 것이나 마찬가지니, 이렇게 되고 보면 그 몸과 마음이 어찌 편안함을 얻을 수 있겠는가? 지금 사람들이 형제끼리 서로 사랑하지 않는 것은 모두 자기들의 부모를 사랑하지 않기 때문이다. 만일 부모를 사랑하는 마음이 진정 있다면 어찌 부모가 낳은 자식을 사랑하지 않겠는가? 형제가 만일 착하지 못한 행동을 했을 때는 마땅히 정성껏 충성되게 간해서 점점 이치로 깨우쳐 주어 기어이 감동해 깨닫도록 해야 한다. 그렇지 않고 얼굴빛이 변한다든지 평탄하지 못한 말을 해서 형제간의 화락한 기운을 잃어서는 안 된다.

지금 글을 배우는 자들은 밖으로는 제아무리 뽐내는 빛을 가졌어도 속은 실상 착실하지 못하다. 그 부부간에 지내는 모양을 보자. 자리 속에서 너무 지나치게 정욕에만 치우쳐서 저들의 위의(威儀)는 송두리째 잃어버리고 만다. 그 때문에 부부 사이에 지나치게 서로 친근하기만 하고 서로 공경하는 자가 몹시 드물다. 이렇게 한다면 제아무리 자기 몸을 닦고 제 집안을 바르게 하고 싶어도 그것이 쉽사리 이루어지겠는가? 그러므로 모름지기 남편은 화락한 모습을 가져서 의리로써 절제해야 하고, 한편 아내는 순순한 마음으로 남편의 뜻을 받아서 일을 바르게 처리해야 한다. 이렇게 해서 부부 사이에 예와 공정한 마음을 잃지 않은 뒤라야 집안 일을 제대로 다스릴 수 있는 것이다. 만일 그렇지 않고 항상 서로 친밀하기만 하다가 하루아침에 갑자기 서로 공경하고자 해 본들 그것이 이루어지겠는가? 그러므로 아내와 함께 서로 경계해서 반드시 전에 있던 습관을 버리고 점점 올바른 예로 들어가는 것이 옳을 것이다. 이렇게 해서 남편이 만일 아내를 보고 하는 말이나 행동이 한결같이 정당하면 반드시 점점 서로 믿게 되고 남편의 말을 순종하게 될 것이다.

자식을 낳아 자라서 조금 지식이 있게 되면 마땅히 착한 길로 인도해 나가야 한다. 만일 어리다고 해서 가르치지 않으면 그 어린아이가 장차 어른이 되어도 그 습관을 마음에서 버리지 못하므로 착한 것을 가르치기란 몹시 힘들게 마련이다. 가르치는 차례는 마땅히 『소학(小學)』에 따라야 할 것이다. 대개 한 집안에서 예법을 힘써 행하고 글 읽고 글씨 쓰는 일 이외에는 달리 잡기가 없다면 자제들이 역시 밖으로 달려 나가 다른 짓을 할까 하는 근심이 있게 될 것이다. 형제의 자식은 내 자식이나 마찬가지다. 그러므로 그를 사랑하는 것이나 그를 가르치는 것을 마땅히 자기 자식과 똑같이 하고, 조금도 경중과 후박(厚薄)이 있어서는 안 된다.

종들은 또 나를 대신해서 수고롭게 일하는 자들이다. 이들에게는 마땅히 먼저 은혜를 베푼 뒤에 나중에 위엄을 세워서 그들의 마음을 얻도록 해야 할 것이다. 임금이 백성에게 하는 것이나 주인이 종에게 하는 것의 이치는 같다. 임금이 백성을 불쌍히 여기지 않으면 백성은 흩어질 것이니, 백성이 흩어져 버리면 국가는 망하는 것이다. 이와 같이 주인이 종을 불쌍히 여기지 않으면 종은 흩어지고, 종이 흩어져 버리면 그 집의 형세는 필연적으로 패망하고 마는 것이다. 따라서 주인은 종들에게 반드시 주리고 추운 것을 유의해 주어서 옷과 먹을 것을 주어 그들로 하여금 제각기 있을 곳을 얻게 만들어 주어야 한다. 그리고 만일 과실이 있을 때는 먼저 부지런히 타이르고 가르쳐서 허물을 고치도록 한다. 만일 가르치고 타일러도 고쳐지지 않으면 그때야 비로소 매를 들어서 그들로 하여금 주인이 매를 친다는 것은 과실을 고치도록 가르치고 타이르기 위함이요, 그들을 미워해서 때리는 것이 아니라는 것을 알도록 해야 한다. 이렇게 해야만 그들로 하여금 비로소 마음을 고치고 행동을 개혁하게 만드는 것이다.

집안을 다스리는 데도 마땅히 예법으로 하여 안팎일을 분별해야 한다. 이리하여 비록 종들일지라도 남자와 여자는 한 곳에 섞여 거처하지 못하게 한다. 남자 종은 주인이 시키는 일이 아니면 갑자기 안에 들어가지 못하며, 이와 마찬가지로 여자 종도 모두 마땅히 남편을 정해 주고서 음란한 짓을 못하게 한다. 만일 음란한 짓을 해서 이를 고치지 않으면 마땅히 이를 내쫓아 따로 살게 하여 그들로 하여금 가풍을 더럽히지 못하게 할 것이다. 남녀 종들끼리도 마땅히 서로 화목하게 지내도록 할 것이니, 만일 서로 싸우고 시끄럽게 하는 자는 으레 고통을 가해서 금하는 제도를 써야 한다.

군자는 옳은 도가 행해지지 못하는 것을 걱정할지언정 결코 집이 가난한 것은 걱정하지 않는다. 다만 집이 가난해서 살아나갈 방도가 없을 때는 궁한 생활을 구제할 방책을 생각해서 다만 굶주리고 추운 것을 면하도록 할 뿐이고, 재산을 풍족하게 쌓아 두고 지낼 생각은 하지 말아야 한다. 또 세상에 있는 하찮은 일을 가슴속에 넣어 두지 말아야 한다. 옛날에는 숨어 살며 길쌈을 해서 먹고산 사람도 있고, 땔나무를 하고 물고기를 잡아서 먹고산 사람도 있다. 또는 김을 매며 살아나간 사람도 있다. 그렇지만 이런 사람들은 부귀가 그 사람의 마음을 움직이지 못했다. 그렇기 때문에 그는 능히 여기에 편안한 채 지낼 수 있었다. 그렇지 않고 이들이 만일 이해를 따지고 잘살고 못사는 것을 비교했다면 어떻게 그 마음의 작용을 이겨 나갈 수 있었겠느냐? 배우는 자들은 모름지기 이것을 본받아서 부귀를 가볍게 여기고 빈천을 지키는 마음을 먹어야 한다.

집안이 가난하고 궁색하면 반드시 가난에 쪼들려 괴롭게 마련이다. 따라서 반드시 자기 자신이 지키던 올바른 마음을 잃는 수가 많다. 그러니 배우는 자들은 이런 경우를 당해서 힘을 써야 한다. 옛사람은 "궁해도 하지 못할 일은 하지 말 것이요, 가난해도 취하지 못할 물건은 취하지 말도록 하라."라고 말했다. 또 공자는 "소인은 궁하면 지나친 짓을 하게 마련이다. 그러니 만일 가난하고 궁색한 것에 마음을 움직여서 능히 의리를 행하지 못하면 학문을 해서 무엇에 쓸 것인가?"라고 말했다. 대체 재물을 사양하는 것과 받는 것, 그리고 남에게서 취하고 남에게 주는 일에 있어서는 반드시 정밀하게 그것이 의리에 맞는가, 의리가 아닌가를 생각해서 의리에 맞는 것이면 취하고 의리가 아니면 취하지 말아서 터럭만큼도 그대로 지나치지 말 것이다. 친구간에는 반드시 재물을 서로 통용해 쓰는 의리가 있다. 그러나 준 것은 모두 마땅히 받아야 한다. 다만 내가 쪼들리지 않을 때 남이 쌀이나 포목을 빌려 주는 것은 받으면 안 된다. 또 이 밖에 다만 서로 아는 처지라면 무슨 명목이 있어 주는 물건만 받고 아무런 명목이 없는 것은 받아서는 안 된다. 여기서 이른바 명목이란 것은, 즉 초상이 났을 때 부의(賻儀)를 하거나, 혼인할 때 도와주거나, 또는 주리고 쪼들릴 때 도와주는 따위의 일들이다. 만일 사람이 몹시 악해서 사람들이 모두 천하게 여기고 미워하는 자라면 그런 사람이 비록 명목이 있어 주는 물건이라도 받는 사람의 마음은 반드시 편안하지 못한 것이다. 이렇게 마음이 편안하지 못하면 이것을 억지로 받을 필요는 없다. 맹자는 "하지 못할 일을 행하지 말고, 하고자 하지 않는 바를 하고자 하지 말라."라고 했는데 이야말로 의리를 행하는 법인 것이다.

중국에서는 여러 고을의 수령들에게 모두 사사로운 봉급이 있어 남는 것을 가지고 남이 급할 때 도와줄 수도 있다. 그러나 우리나라 수령들은 사사로운 봉급 없이 다만 관청 곡식을 가지고 날마다 쓰는 비용을 충당하고 있는 형편이다. 그러니 만일 사사로이 남에게 주었다가는 그 수량이 많든 적든 모두 벌을 받게 마련이다. 견책이 심할 경우에는 그 물건을 받은 자도 역시 벌을 받게 된다. 그러니 선비로서 수령이 주는 물건을 받는 것은 금지하는 일을 범하는 것이 된다. 옛날에는 남의 나라에 들어가면 그 나라의 금법부터 물었는데 하물며 그 나라에 살면서 자기 나라의 금법을 범하면 되겠는가? 수령이 주는 물건도 이

러한 이유로 받지 못하는 것이다. 또 만일 수령이 사사로이 관
고(官庫)의 곡식을 주는 때는 그 사람과 친하거나 친하지 않거
나를 막론하고, 또 명목이 있고 없음을 막론하고, 물건이 많고
적은 것을 막론하고 모두 받을 수 없는 것이다(만일 정의가 두터
운 수령이 관청에 있는 사사로운 재물을 가지고 급한 사람을 구제할
때는 혹 받을 수도 있다).

거 가 장 제 팔
居家章 第八

범 거 가   당 근 수 예 법   이 솔 처 자 급 가 중
凡居家엔 當謹守禮法하여 以率妻子及家衆하여

분 지 이 직   수 지 이 사   이 책 기 성 공   제 재 용 지 절
分之以職하고 授之以事하여 而責其成功하고 制財用之節하여

양 입 이 위 출   칭 가 지 유 무   이 급 상 하 지 의 식
量入以爲出하고 稱家之有無하여 以給上下之衣食

급 길 흉 지 비   개 유 품 절   이 막 불 균 일   재 성 용 비
及吉凶之費하되 皆有品節하여 而莫不均一하며 裁省冗費하여

금 지 사 화   상 수 초 존 영 여   이 비 불 우
禁止奢華하고 常須稍存贏餘하여 以備不虞니라

관 혼 지 제   당 의 가 례   불 가 구 차 종 속
冠婚之制는 當依家禮요 不可苟且從俗이니라

형 제   동 수 부 모 유 체   여 아 여 일 신   시 지
兄弟는 同受父母遺體하여 與我如一身이니 視之에

당 무 피 아 지 간   음 식 의 복   유 무   개 당 공 지
當無彼我之間이라 飮食衣服에 有無를 皆當共之니

設使 兄飢而弟飽하고 弟寒而兄溫이면 則是一身之中에 肢體

或病或健也면 身心이 豈得偏安乎아 今人이 兄弟

不相愛者는 皆緣不愛父母故也라 若有愛父母之心이면

則豈可不愛父母之子乎아 兄弟 若有不善之行이면

則當積誠忠諫하여 漸喩以理하여 期於感悟요

不可遽加厲色忤言하여 以失其和也니라

今之學者는 外雖矜持나 而內鮮篤實하여 夫婦之間에

袵席之上에 多縱情慾하여 失其威儀라 故로 夫婦不相昵狎하고

而能相敬者 甚少니 如是 而欲修身正家하니 不亦難乎아

必須夫和하여 而制以義며 妻順하여 而承以正夫婦之間하여

不失體敬然後에 家事를 可治也니라 若從前相狎이라야

而一朝에 遽欲相敬이면 其勢難行이니 須是與妻相戒하여

必去前習하고 漸入於禮 可也니라 妻若見我의 發言持身이

一出於正이면 則必漸相信하여 而順從矣니라

生子엔 自梢有知識時로 當導之以善이니

若幼而不敎하고 至於旣長이면 則習非放心하여

교지심난　　　　교지지서　　당의소학　　　대저일가지내
敎之甚難이라 敎之之序는 當依小學이니 大抵一家之內에

예법흥행　　　간편필흑지외　　　무타잡기　　즉자제
禮法興行이 簡編筆黑之外에 無他雜技니 則子弟

역무외치반학지환의　　　　형제지자　　유아자야　　기애지
亦無外馳畔學之患矣니라 兄弟之子는 猶我子也니 其愛之하고

기교지　　　당균일　　　불가유경중후박야
其敎之하여 當均一이요 不可有輕重厚薄也니라

　　비복　　대아지로　　당선은이후위
婢僕은 代我之勞니 當先恩而後威하여

내득기심　　　군지어민　　주지어복　　기리일야
乃得其心이니 君之於民과 主之於僕에 其理一也니라

군불휼민　　　즉민산　　　민산　　　즉국망　　　주불휼복
君不恤民이면 則民散이니 民散이면 則國亡이며 主不恤僕이면

즉복산　　　복산　　　즉가패　　세소필지　　기어비복
則僕散이니 僕散이면 則家敗는 勢所必至라 其於婢僕에

필수진념기한　　　자급의식　　　사득기소　　이유과악
必須軫念飢寒하여 資給衣食하고 使得其所요 而有過惡이면

즉선수근근교회　　　사지개혁　　　교지불개연후
則先須勤勤敎誨하여 使之改革하여 敎之不改然後에

내시초달　　　사기심　　　지궐주지초달　　출어교회
乃施楚撻하여 使其心으로 知厥主之楚撻이 出於敎誨요

이비소이증질연후　　　가사개심혁면의
而非所以憎嫉然後에 可使改心革面矣니라

　　치가　　당이예법　　　변별내외　　수비복
治家엔 當以禮法으로 辨別內外요 雖婢僕이라도

남녀불가혼처　　　남복　　비유소사령　　즉불가첩입내
男女不可混處니 男僕은 非有所使令이면 則不可輒入內요

여복　　개당사유정부　　불가사음란　　　약음란부지자
女僕은 皆當使有定夫요 不可使淫亂이니라 若淫亂不止者는

즉당출　　　사별거　　무령오예가풍　　　비복
則當黜하여 使別居하여 毋令汚穢家風이니 婢僕도

당령화목　　약유투혁훤조자　　즉당통가금제
當令和睦이요 若有鬪鬩喧噪者면 則當痛加禁制니라

군자　우도　　부당우빈　　단가빈　　무이자생
君子는 憂道요 不當憂貧이나 但家貧하여 無以資生이면

즉수당사구궁지책　　역지가가면기한이이
則雖當思救窮之策이라도 亦只家可免飢寒而已요

불가존거적풍족지념　　차불가이세간비사
不可存居積豐足之念이며 且不可以世間鄙事로

유체우심흉지간　　고지은자　　유직구이식자
留滯于心胸之間이니라 古之隱者는 有織屨而食者와

초어이활자　　식장이운자　　차등인　　부귀불능동기심
樵漁而活者와 植杖而耘者하니 此等人은 富貴不能動其心이라

고　　능안어차　　약유교이해　　계풍약지념
故로 能安於此니 若有較利害하고 計豐若之念이면

즉기불위심술지해재　　학자　　요수이경부귀 수빈천
則豈不爲心術之害哉아 學者는 要須以輕富貴 守貧賤으로

위심
爲心이니라

거가　　빈구　　즉필위빈구소곤　　실기소수자 다의
居家에 貧窶면 則必爲貧窶所困하여 失其所守者 多矣라

학자 정당어차처　　용공　　고인　　궁시기소불위
學者 正當於此處에 用功이니라 古人이 窮視其所不爲요

빈시기소불취　　공자왈 소인　　궁사남의
貧視其所不取라 하고 孔子曰 小人은 窮斯濫矣라 했다

약동어빈구　　이불능행의　　즉언용학문위재
若動於貧窶하여 而不能行義면 則焉用學問爲哉아

범사수취여지제　　필정사의 여비의　　의즉취지　　불의
凡辭受取與之際에 必精思義 與非義하여 義則取之하고 不義

즉불취　　불가호발방과　　약붕우　　즉유통재지의
則不取하여 不可毫髮放過니라 若朋友면 則有通財之義니

소유　　개당수　　단아비핍 이유이미포　　즉불가수야
所遺는 皆當受니라 但我非乏 而遺以米布면 則不可受也니라

기타상식자　　즉지수기유명지궤　이무명　　즉불가수야
其他相識者는 則只受其有名之饋요 而無名이면 則不可受也니

소위유명자　부상신행조혼례 주기핍지류 시야
所謂有名者는 賻喪贐行助婚禮 周飢乏之類 是也니

약시대단악　　　인심소비악자　즉기궤 수유명
若是大段惡하여 人心所鄙惡者는 則其饋 雖有名이라도

수지심　필불안　　심불안　　즉불가억이수지야
受之心이 必不安이니 心不安이면 則不可抑而受之也니라

맹자왈 무위기소불위　무욕기소불욕
孟子曰 無爲其所不爲요 無欲其所不欲이라 하니

차시행의지법야
此是行義之法也니라

　중조　즉열읍지재 유사봉　　고　추기여
中朝엔 則列邑之宰 有私俸이라 故로 推其餘면

가이주인지급의　　아국　즉수령　별무사봉
可以周人之急矣니라 我國은 則守令이 別無私俸이요

지이공곡　　응일용지수　이약사여타인
只以公穀으로 應日用之需요 而若私與他人이면

즉불론다소　　개유죄견　심즉지어범장　수자도
則不論多少하고 皆有罪譴이요 甚則至於犯贓이라 受者도

역연　　위사　이수수령지궤　즉시내범금야　고자에
亦然하여 爲士에 而受守令之饋면 則是乃犯禁也니라 古者에

입국　　이문금　즉거기국자 기가범금호　수령지궤는
入國하여 而問禁이면 則居其國者 豈可犯禁乎아 守令之饋는

대저난수　약사여관고지곡　즉불론인지친소와
大抵難受니 若私與官庫之穀이면 則不論人之親踈와

명지유무와 물지다과　개불가수야　약분후읍재하여
名之有無와 物之多寡하고 皆不可受也니라(若分厚邑宰하여

이아중사재주급　즉혹가수야
以衙中私財周急이면 則或可受也니라)

[해설]

여기서는 사람이 자기 집에서 다스려야 할 일들, 즉 형제간에는 우애가 있어 서로 구별이 없어야 한다는 것, 부부간에는 너무 친밀하다 보면 위의를 잃는 수가 많으니 친밀한 중에도 먼저 서로 공경하라는 것, 자식은 어렸을 때부터 착한 일을 하도록 인도해 나가야 한다는 것, 그리고 종을 부리는 데도 먼저 은혜로 부린 다음에 나중에 위엄을 보이라는 것까지 자세히 설명했다.

다음으로는 가난에 대해서 여러 가지로 말했다. 군자는 올바른 도가 행해지지 않는 것을 걱정할망정 가난한 것은 걱정하지 말아야 한다. 그렇지만 너무 가난하다 보면 견뎌 나갈 수가 없을 것이니 주리고 추운 것을 면할 정도로는 집안 일을 처리해야 한다고 역설했다.

그리고 혹시라도 부자가 될 마음으로 아무 일이나 서슴지 않고 행해 나가는 천한 마음은 먹지 말라는 것이다. 요컨대 이런 의식의 풍족을 바라는 것에 마음을 얽매어서는 아무것도 이루지 못한다는 것이다.

끝으로 저자는 이 장에서 친구간에 재물을 서로 유통하는 길에 대해서까지 말했다. 즉 친구간에는 주고받는 것에 더욱 분명해야 한다. 친구가 나에게 돈이나 물건을 줄 때, 내 처지가 가난해서 먹을 것이 없는 경우라면 받지만 그렇지 않을 때는 받지 않아야 옳다. 또는 초상이나 혼인 같은 때에 나를 도와주는 일이면 받는다. 그렇지 않은데 공연히 남이 주는 것을 받으면 내 마음이 괴로울 것이므로 이런 괴로움을 억제하면서까지 받을 것은 못 된다는 것이다.

또 벼슬살이하는 자가 남에게 물건을 도와주는 일에 대해서도 말했다. 국가에서 받는 봉급을 자기가 쓰고 남아서 남의 급한 일에 도와주는 것은 모르지만, 관청의 돈이나 곡식을 남을 위해 쓴다면 받은 사람까지도 죄를 범하는 일이니 받을 수 없다는 말이다.

북조(北朝) 박릉(博陵)에 최효분(崔孝芬)이란 사람이 있었다. 그는 형제가 모두 효성이 있고 의리에 밝고 또 자상하고 후덕한 군자였다. 아우 효위(孝暐)가 형 효분을 모시고 있을 때 그는 공손하고 순종하는 예의를 다하여 앉는 것이나 밥 먹는 것, 또는 나아가고 물러나는 일에 있어 형이 명하지 않으면 감히 자기 마음대로 하지 못했다.

아침이면 일찍 일어나 우선 얼굴빛을 부드럽게 하고 형을 모시며, 한 푼 한 자의 포목도 사사로이 자기 방으로 들여가지 않았다. 이것을 본받아서 그들의 부인들까지도 역시 서로 사랑하면서 모든 필요한 것을 형제가 함께 써 나갔다.

효분의 삼촌 진(振)이 죽은 뒤에 효분 등 형제는 그 숙모 이씨를 받들어 봉양하는데 마치 자신들을 낳은 친어머니에게 하듯이 했다. 아침저녁으로 방에 들어가 문안하고 춥고 더운 것을 묻고, 출입할 때나 밖에서 돌아왔을 때는 반드시 나아가서 뵈었다. 아무리 사소한 집안 일이라도 일일이 숙모께 아뢰고 결재를 얻어야 비로소 처리해 나갔다. 효분 형제는 또 자기들이 밖에서 얻는 물건이 있으면 이것을 반드시 숙모 이씨의 창고에 넣어 두어 때때로 이것을 숙모 자신이 손수 자기들에게 나누어 처리하도록 했다. 이렇게 이십여 년이 지난 후에 숙모는 세상을 떠났다. 이 효분 형제의 행동은 지금까지도 시책에 전하여 후세 사람들에게 교훈을 주고 있다.

왕응(王凝)은 문중자(文中子)의 아우다. 집에서 거처하는 모습이 항상 근엄했다. 그의 자제들은 공복(公服)을 입지 않고서는 그에게 나아가 보지 못할 정도였으니 집안이 마치 조정 안과 같이 엄숙한 분위기였다.

집을 다스리는 데는 부지런함[勤]·검소함[儉]·공손함[恭]·용서함[恕]의 네 가지로 하고, 집을 바르게 하는 데는 관례[冠]·혼례[婚]·초상[喪]·제사[祭]의 네 가지로 했다.

성인의 글이나 공복을 남에게 빌려 주지 않고 집과 담, 집안에서 쓰는 세간 등은 모두 견고하고 튼튼하게 만들었다. 그는 항상 "쓸데없는 낭비가 없도록 해야 한다"고 말했다. 또 집 좌우에는 길을 반듯하게 내고, 과일 나무를 정제하게 심어 길러서 모든 것의 규모를 정확하게 하고 살았다 한다.

북제(北齊) 동평(東平)에 장공예(張公藝)란 사람이 있었다. 그의 집은 구 대를 내려오면서 한 집에서 수많은 식구들이 같이 살아 왔다. 그래서 북제는 물론 수와 당에서까지 그 집에 정문(旌門)¹을 내렸다.

인덕(麟德) 때 고종이 태산을 봉해 주려고 그 근처를 지나다가 장공예의 집에 들렀다. 공예를 불러 본 고종은 "어떻게 하여 이렇게 화목하게 지낼 수가 있었는가?" 하고 물었다.

공예는 고종의 이 물음에 대하여 머뭇머뭇 대답을 못 하다가 종이와 붓을 청해서 참을 인(忍) 자 백 개를 써서 고종에게 바쳤다.

고종은 공예가 바친 종이를 한참이나 들여다보다가 "옳거니!" 하고 고개를 끄덕이고 돌아갔다는 이야기다.

그러면 이 참을 인 자 백 개를 써서 바친 장공예의 심중은 무

---

1   충신, 효자, 열녀를 표창하기 위해 그 집 앞에 세우던 붉은 문

엇을 말하는 것일까? 종족 간에 화합하지 못하는 것은 그들의 의식이 고르지 못하거나 또는 어린아이들끼리 예절을 잘 지키지 못하는 때문이요, 서로 책망하고 원망하다가 마침내는 평화롭지 못한 일이 생기게 마련이다. 이럴 때 피차간, 즉 어른 된 사람끼리 서로 참아 나가기만 한다면 그 집안은 자연히 화목하게 살 수 있다는 것이다.

동해 난릉(蘭陵)에 소광(疏廣)이란 사람이 있었다. 그는 일찍이 태자의 태부로 있다가 소를 올려 "이제 신은 늙고 병들었사오니 시골로 돌아가 쉬게 해 주시옵소서."라고 했다.

이에 임금은 그에게 이를 허락하고 황금 이십 근을 내렸다. 또 태자도 그에게 황금 오십 근을 내려, 집에 돌아가 편히 쉬도록 했다. 소광은 이것을 가지고 시골로 돌아왔다. 돌아오는 즉시로 그는 집안 식구를 동원하여 술과 안주를 많이 장만해 놓고 친지들과 친구, 그리고 손님들을 청해다가 날마다 술 마시고 즐겁게 놀았다. 이렇게 여러 달이 지난 뒤에 물어보니 아직도 황금 몇 근이 남아 있다고 한다. 소광은 그것을 내다가 팔아오라 하여 이것으로 몇 가지 음식을 더 장만토록 했다.

그 뒤 몇 해가 지났다. 소광의 자손들이 소광과 친한 사람을 찾아 은밀히 말했다.

"그 돈을 두었다가 우리 자손이 어려울 때 쓰도록 해 주셨으면 좋았을 것을 왜 그렇게 써 없애셨는지 도무지 알 수가 없습니다. 지금이라도 남은 것이 있으면 집을 짓고 전답도 장만하시도록 말씀 좀 해 주십시오."

소광의 친구는 그가 한가한 틈을 타서 이 말을 하면서 권고해 보았다. 그러나 소광의 대답은 친구의 기대와는 사뭇 달랐다.

"나도 이제 늙었는데 어찌 자손 걱정을 하지 않겠는가? 그러나 지금 내 형편을 돌아다 보건대 집도 있고 전답도 있어 자손들이 만일 부지런히 일한다면 넉넉하여 의식 걱정을 하지 않아도 될 정도일세. 그런데 이제 다시 집과 전답을 더 마련해서 지나치게 여유 있는 살림을 차려 놓는다면 그것은 자손들에게 게으른 버릇을 가르쳐 주는 결과가 되는 것뿐일세."

소광의 말은 계속된다.

"어진 사람이 재물이 많으면 그 본래의 바른 뜻을 상하게 하고, 또 이와 반대로 어리석은 사람이 재물이 많으면 자기의 과오를 더 보태게 된다. 또 대체로 부라는 것은 여러 사람의 원망의 대상이 된다. 그런즉 나는 이제 자손들을 올바른 길로 나아가도록 교화시키지는 못할망정 어찌 저들의 허물을 더하도록 하고 남에게 원망을 사도록 가르칠 수가 있겠는가? 또 이 돈으로 말하면 성주(聖主)께서 이 늙은 신하가 여생을 잘 보내도록 은혜로 주신 물건이다. 그렇기 때문에 고향의 친구들이나 친지들과 함께 즐겁게 노는 것으로 그 은혜에 보답하고 또 남은 것을 가지고 나의 여생을 보내고자 하는데 이것이 또한 옳은 일이 아닌가?”

양파(揚播)는 북조(北朝) 때 사람이다. 그의 집은 대대로 순후하고 의리와 겸양을 두텁게 해서 형제간에 우애 있고 공경하기를 마치 부자간같이 해 왔다.

양파의 아들은 춘(椿)과 진(津) 형제였다. 그들은 공손하고 겸양하기를 조상의 대보다 한층 더했다. 아침이면 사랑 대청에 모여서 종일 이야기하고 안에 들어가는 일이 없었다. 만일 맛있는 음식이 한 가지 생겼을 때는 형제가 모이기 전에는 형이나 아우가 먼저 먹는 일이 없었다. 일이 없을 때는 대청에서 온종일 같이 앉아 이야기하고 놀다가 저녁이면 거기에 자리를 깔고 자기도 하고 간혹 쉬기도 했다. 그리고 이튿날이면 여전히 함께 앉아 웃고 이야기했다.

춘이 늙은 나이에 밖에서 술 취해 돌아오면 아우 진은 형을 부축해 방에 뉘고 자기는 문밖에서 자는 체하면서 항상 형의 안부를 살폈다. 춘은 나이 예순이 넘어 벼슬이 삼공(三公)에 올랐다. 이때 아우 진은 아침저녁으로 들어가 문안하고 아들·조카들을 뜰아래 모이게 해서 문안드렸다. 이럴 때도 춘이 앉으라는 말을 하지 않으면 진은 제 마음대로 앉는 법이 없었다.

춘이 외출했다가 날이 저물 때까지 돌아오지 않을 때도 진은 절대로 먼저 밥을 먹지 않았다. 언제나 형이 돌아오기를 기다려서 형제가 같이 먹었다. 식사를 하는 데도 진이 친히 형의 수저를 들어서 주며 또 무슨 음식이나 형이 먼저 맛보고 먹으라고 명해야만 비로소 먹기 시작했다.

후에 진은 사주(肆州) 고을에 원으로 나갔고 춘은 서울 본집에 있었다. 이때 매양 사철의 아름다운 새 음식이 나오면 진은 반드시 이것을 사람을 시켜 서울의 형 집으로 보냈다. 만일 서울로 보내지 않은 새 음식이 있으면 절대로 그 음식을 자기 혼자서 먼저 먹지 않았다. 그의 형제 사이에는 남녀 식구가 백 명이나 살았다. 이 사람들이 한 집에서 밥을 지어 먹고 사는데도 어느 때 한 번 시끄러움을 피우는 일이 없었다.

『안씨가훈(顔氏家訓)』에 이런 말이 있다.
"글을 배우고 학문을 하는 것은 본래는 자기 마음을 열고 눈을 밝게 해서 행동하는 데 이롭게 하기 위함이다. 그러므로 부모 봉양하는 것을 알지 못하는 자는 옛사람이 부모의 뜻을 먼저 하고, 순한 안색으로 부모의 말씀을 받아 행하며, 부드러운 목소리로 자기 기운을 낮추며, 자기의 수고로움을 괴롭게 여기지 않고, 부모에게 달고 맛있는 음식을 마련해 봉양하던 것을 보고 오히려 두려운 마음으로 진심으로 본받아야 한다. 또 임금 섬길 줄을 알지 못하는 자는, 옛사람이 자기 직책을 맡아 소홀히 함이 없고 국가가 위태로우면 어려운 명령이라도 받아서, 이로써 사직을 이롭게 하던 일들을 본받아서 스스로 헤아려 노력해야 한다. 다음으로 본래 교만하고 사치를 좋아하는 자는 옛사람이 공손하고 검소하고 절약해 쓰며 자기 몸을 낮추어, 예로써 가르침의 근본을 삼고, 공경으로 자기 몸의 기본을 삼던 것을 보고 모양을 가다듬고 뜻을 억제해야 한다.”

『안씨가훈』은 계속된다.

“본래 천하고 인색한 사람은 어떻게 할 것인가? 그런 사람은 옛사람의 의리를 숭상하고 재물을 가볍게 여기며, 사사로운 마음이 적고 욕심을 없애고 무엇이나 가득 차고 넘치는 것을 싫어하며, 궁한 자를 도와주고 가난한 자를 불쌍히 여기던 것을 보고 자기에게 허물이 있으면 이를 부끄러워하여 뉘우쳐서 저축해 둔 재물이라도 능히 흩어 주어야 한다. 본래 모질고 사나운 자는 어떻게 하면 좋을까? 그런 사람은 옛사람이 자기 마음을 적게 하고, 자기 몸을 누르며, 강한 것은 죽이고 약한 것은 살리며, 남의 허물과 더러움은 감추어 주며, 어진 이를 존경하고 여러 사람을 포용해 주던 것을 보고 엄숙하게 자기 몸을 반성해 나가야 할 것이다. 또 본래 겁이 많고 게으른 사람은 어떻게 해야 하는가? 그런 사람은 옛사람이 생사의 이치를 통달하여 운명에 맡기며, 강하고 굳세고 정직하며, 말을 한 번 하면 믿음이 있으며, 복을 구하는 것을 구차히 하지 않던 일을 보고 몸을 바로잡아 발분해 조금도 겁내고 두려워하지 말 것이다."

계속해서 『안씨가훈』은 다음 말로 결론지었다.

"이런 일을 모두 행하면 백 가지 행실이 저절로 옳게 행해질 것이다. 그러니 비록 이것으로 능히 완전하다고는 하지 못하겠지만 너무 지나친 것을 없애고 너무 심한 것을 버린다면 배워서 아는 것은 행하지 못하는 것이 없을 것이다. 지금 세상 사람들은 글을 읽어도 그것을 다만 말로만 할 줄 알 뿐, 능히 행동에 옮기지는 못하고 있다. 그러니 무인이나 속리들의 비웃음을 받는 것도 이상할 것이 없다 하겠다."

9
접인장(接人章)

대체로 사람을 상대하는 데는 마땅히 화평하고 공경하기를 힘써야 한다. 나이가 자기보다 배가 되면 아버지처럼 섬긴다. 자기보다 열 살이 많은 때는 형으로 섬긴다. 다섯 살이 많으면 역시 조금 공경해서 대접한다. 가장 나쁜 것은 자기의 학문을 믿고 자기가 제일인 체하며 우쭐대거나 남을 업신여기는 것이다.

친구를 가리는 데는 반드시 학문을 좋아하고 착한 일을 좋아하는 사람을 골라서 사귀어야 한다. 또 성격이 엄하고 곧은 사람을 골라야 한다. 이런 사람을 골라서 함께 거처하면서 내 마음을 비워 놓고 그 사람의 규범과 경계를 받아들여 나의 단점을 다스려야 한다. 만일 그렇지 않고 성질이 게으르고 놀기만 좋아하며 흐리고 곧지 못한 자는 함께 사귀지 말아야 한다.

시골 사람들 중에서 착한 자가 있으면 반드시 친근하게 지내고 서로 정을 통하고 지내야 한다. 또 시골 사람들 중에서 착하지 못한 자라도 또한 고약한 말로 그 사람의 잘못하는 행동을 드러내어 말하지 말아야 할 것이다. 그리고 다만 그런 사람은 그저 범연하게 대접해 주고 서로 왕래하지 말 것이다. 그런 사람이 만일 전에 알던 사람일 때는 서로 만나더라도 인사만 하고 다른 말을 서로 나누지 말 것이니, 이렇게 하고 보면 점점 멀어질 뿐이요, 원망하거나 노여워하지는 않을 것이다.

소리가 같은 사람끼리는 서로 응하는 법이요. 기운이 같은 사람끼리는 서로 구하게 마련이다. 만일 내가 학문에 뜻을 둔다면 나 역시 학문하는 선비를 구할 것은 뻔한 사실이다.

그와 마찬가지로 학문하는 선비도 역시 반드시 나를 구할 것이다. 저 사람이 표면으로는 학문을 한다고 하면서도 그의 문 앞에 잡된 손님들이 많이 출입해서 시끄럽게 세월을 보내는 사람이면 반드시 그 사람이 즐기는 것이 학문에 있지 않은 때문이다.

대체로 절하는 것이나 읍(揖)하는 예의는 미리 정할 수가 없다. 대개 자기 아버지의 친구일 때는 마땅히 절해야 한다. 동네 안에서 나이가 자기보다 열다섯 살 이상 많은 사람에게는 마땅히 절해야 한다. 또 벼슬이 당상(堂上)에 오르고 자기보다 나이가 열 살 이상 많은 사람에게도 마땅히 절한다. 시골에 사는 사람이라도 나이가 스무 살 이상 많은 사람에게는 마땅히 절을 한다. 그러나 그 중간의 높고 낮은 사정들은 꼭 이런 예에 구애받지 말고 때에 따라서 적절히 할 것이다. 다만 항상 자기 몸을 낮추고 남을 존경하는 의사를 가슴속에 두는 것이 옳다. 『시경』에 "온화하고 따뜻하고 공손한 사람만이 오직 덕의 바탕이다."라고 했다.

가령 남이 나를 헐뜯는 경우에는 어떻게 해야 할까? 그때는 반드시 자기 몸을 돌이켜 보아서 스스로 반성해야 한다. 만일 실제로 남에게 헐뜯음을 받을 만한 행동을 했을 때는 스스로 자기 몸을 책망하고 마음속으로 꾸짖어서 그 허물을 고치기를 꺼리지 말아야 한다. 만일 나의 과실이 몹시 적은 일인데도 거기에 더 큰 과오가 있는 듯이 보태서 말을 했으면 그 사람의 말이 아무리 지나쳤을지라도 나에게는 실상 비방받을 만한 까닭이 있는 것이니, 마땅히 전에 저지른 허물을 깎아 없애 터럭만큼도 남겨 두지 말아야 한다. 또 만일 나에게는 실상 아무런 허물이 없는데도 거짓으로 꾸며 빈말을 만든 것이라면, 이는 망령된 사람에 지나지 않는 것이니 망령된 사람과 그 허실을 따져 무엇 하겠는가? 더욱이 저 사람이 나를 빈말로 비방하는 것은 마치 바람이 귓가로 지나가고 구름이 하늘로 지나가는 것과 같으니, 나에게 무슨 상관이 있단 말인가 하고 참아야 한다. 이처럼 남에게 비방의 소리를 들었을 때는 나에게 그런 허물이 있으면 그것을 고칠 것이요, 그런 허물이 없으면 더욱 힘써 허물이 없도록 노력하면 되니, 이런 것들은 모두 나에게 유익한 일이다. 만일 자기에게 허물이 있다고 들었을 때 그것을 스스로 떠들썩하게 변명하여 기어이 자기 몸에 아무런 허물이 없다고 말하려 든다면 그 허물은 더욱 무거워지고 남들에게 더욱 심한 비방을 들을 것이다. 옛날에 어떤 사람이 남에게 비방을 듣지 않는 방법을 묻자, 문중자(文中子)는 "자기 몸을 스스로 닦는 것이 제일이고, 만일 비방하는 사람이 있으면 더 말해 달라고 청하고 변명하지 말 것이다."라고 했다. 이 말이야말로 과연 배우는 자가 본받아야 할 법이라 하겠다.

대체로 선생이나 어른을 모시고 있는 자는 마땅히 알기 어려운 의리를 물어서 자기가 배우는 것을 분명히 해야 한다. 또 고향의 어른을 모시고 있을 때는 마땅히 조심하고 공손히 삼가서 함부로 아무 말이나 하지 말아야 한다. 만일 어른이 묻는 것이 있을 때는 공손히 사실대로 대답해야 한다. 친구와 함께 있을 때는 마땅히 도의를 가지고 서로 강론해, 오직 글자와 의리를 말할 뿐이어야 한다. 세속의 자질구레한 낮은 말이나 세상 정치의 잘잘못, 그리고 수령들의 어질고 어질지 못함과 다른 사람의 과실 등은 일절 입에 담지 말아야 한다. 시골 사람과 함께 거처할 때는 비록 묻는 대로 대답은 할망정 끝내 낮고 쓸데없는 말은 입 밖에 내지 말아야 한다. 자기 몸은 아무리 씩씩하고 기운차게 갖는다 하더라도 절대로 잘난 체 뽐내는 기색을 가져서는 안 된다. 그리고 오직 착한 말로 인도하여 도와주어 반드시 학문을 향해 나아가도록 해 주어야 한다. 또 어린 사람과 같이 있을 때는 마땅히 부모에게 효도하는 일과 형제간에 우애하는 일, 임금에게 충성하는 일과 친구간에 신용 있게 하는 일 등을 친절하게 말해 주어 그로 하여금 착한 마음이 저절로 우러나도록 해야 한다. 이렇게 하기를 그치지 않는다면 시골 풍속이 점점 옳게 변해 갈 것이다.

항상 온화하고 공손하고 또 자상하고 사랑하며, 사람에게 은혜를 베풀고 물건을 구제해 주는 것으로 자기의 마음을 갖는다. 그리고 남을 침해하거나 물건을 해치는 따위의 일들은 터럭만큼도 자기 마음속에 간직하지 말아야 한다. 대체로 사람이란 자기 몸에 이로운 일을 하려고 하면 필경 남이나 다른 물건을 침해하고 해치는 결과를 낳게 마련이다. 그렇기 때문에 배우는 자는 먼저 자기를 이롭게 한다는 마음부터 끊어 없앤 뒤에라야 가히 어진 것을 배우게 될 것이다.

시골에 사는 선비는 공무가 있거나 부득이한 연고가 있기 전에는 관청에 출입하지 않는다. 수령이 아무리 지극히 가까운 친구일지라도 역시 자주 가 보지 못하는 법인데, 하물며 친구도 아닌 사람에게는 말해 무엇 하겠는가? 또 만일 의리가 아닌 청일 경우에는 당연히 일절 하지 말아야 한다.

接人章 第九
접인장 제구

凡接人엔 當務和敬이니 年長以倍면 則父事之하고
범접인 당무화경 연장이배 즉부사지

十年以長이면 則兄事之하고 午年以長이라도 亦稍加敬이며
십년이장 즉형사지 오년이장 역초가경

最不可恃學自高하여 尙氣凌人也니라
최불가시학자고 상기능인야

擇友면 必取好學好善하고 方嚴直諒之人하여 與之同處하며
택우 필취호학호선 방엄직량지인 여지동처

虛受規戒하여 以政吾闕이니 若其怠惰好하고 嬉柔佞不直者는
허수규계 이정오궐 약기태타호 희유영부직자

則不可交也니라
즉불가교야

鄕人之善者는 則必須親近通情이요 而鄕人之不善者는
향인지선자 즉필수친근통정 이향인지불선자

亦不可惡言으로 揚其陋行이니라 但待之泛然하여 不相往來니
역불가악언 양기누행 단대지범연 불상왕래

若前日相知者는 則相見하되 只敍寒暄이요 不交他語니
약전일상지자 즉상견 지서한훤 불교타어

則自當漸疏하여 亦不至於怨怒矣니라
즉자당점소 역부지어원노의

同聲相應하며 同氣相求니 若我志於學問이면
동성상응 동기상구 약아지어학문

則我必求學問之士이요 學問之士도 亦必求我矣니라

彼名爲學問이요 而門庭에 多雜客하여 暄囂度日者는

必其所樂이 不在學問故也니라

凡拜揖之禮는 不可預定이니 大抵父之執友는

則當拜洞內요 年長十五歲以上者는 當拜爵階堂上이요

而長於我十年以上者는 當拜요 鄕人에 年長二十歲以上者는

當拜로되 而其間에 高下曲折은 在隨時節中이니

亦不必拘於此例니라 但常以自卑尊人底意思로 存諸胸中이

可也니라 詩曰溫溫恭人이 惟德之基라 하니라

人有毁謗我者면 則必反而自省하여 若我實有可毁之行이면

則自責內訟하여 不憚改過니라 若我過甚微나

而增衍附益이면 則彼言이 雖過나 而我實有 受謗之苗脉이니

亦當剗鋤前愆하여 不留毫末이요 若我本無過나

而捏造虛言이면 則此는 不過妄人而已니 與妄人으로

何足計較虛實哉아 且彼之虛謗은 如風之過耳요 雲之過空이니

於我에 何與哉아 夫如是면 則毁謗之來에 有則改之요

無則加勉이니 莫非有益於我也라 若聞過어던 自辯하여

曉曉然不置하고 必欲置身於無過之地면 則其過 愈甚하고

而取謗이 益重矣니라 昔者에 或問止謗之道하니 文中子曰

莫如自修니라 請益하니 曰 無辨此言이 可爲學者之法이니라

凡侍先生長者에 當質問義理難曉處하여 以明其學이요

侍鄕黨長老엔 當小心恭謹하여 不放言語요 有問엔

則敬對以實이며 與朋友處에 當以道義講磨엔

只談文字義理而已요 世俗鄙俚之說과 及時政得失과

守令賢否와 他人過惡은 一切不可掛口니라 與鄕人處엔

雖隨問應答이나 而終不可發鄙褻之言이요 雖莊栗自持라도

而切不可存矜高之色이요 惟當以善言誘掖하여

必欲引而向學이니라 如幼者處엔 當諄諄言孝悌忠信하여

使發善心이니 若此不已면 則鄕俗을 漸可變也니라

堂以溫恭慈愛하고 惠人濟物로 爲心하고

若其侵人害物之事는 則一毫不可 留於心曲이니

凡人欲利於己인댄 必至侵害人物이니 故로 學者

先絶利心然後에 可以學仁矣니라
^{선 절 이 심 연 후　　가 이 학 인 의}

居鄕之士는 非公事禮見과 及不得已之故면
^{거 향 지 사　　비 공 사 예 견　　급 부 득 이 지 고}

則不可出入官府邑宰가 雖至親이라도 亦不可數數往見이요
^{즉 불 가 출 입 관 부 읍 재　　수 지 친　　　　역 불 가 삭 삭 왕 견}

況非親舊乎아 若非義干請이면 則當一切勿爲也니라
^{황 비 친 구 호　　약 비 의 간 청　　　즉 당 일 체 물 위 야}

[해설]

이 장에서는 사람을 상대하는 일에 대해 말했다. 친구를 사귈 때
는 반드시 학문을 좋아하고 착한 일을 좋아하며, 엄숙하고 곧은
사람을 골라서 사귀어야 한다는 것에서 시작해서 선생이나 어른
을 모시는 일까지 언급했다.

공자는 친구 사귀는 일에 대해 한마디로 이렇게 말한 일이 있
다. "안평중(晏平仲)이야말로 사람과 사귀는 것을 잘한다. 그는
오래 사귈수록 더욱 공경하는구나."

이 말 한마디는 참으로 천고의 명언이라고 아니할 수가 없다.
사람들이 오래 사귀어 사이가 친근해지면 친근해질수록 공경하
는 마음은 차차 없어지게 마련이다. 그래서 친구 사이에 틈이 생
기는 수가 예사다. 그런데 만일 오래 사귈수록 더욱 공경한다는

것은 참으로 귀한 일이니 이렇게만 한다면 그 사귐은 날이 아무리 가도 변하지 않을 것이다.

그의 제자 자공(子貢)이 공자에게 친구를 사귀는 방법을 물었다. 이때 공자는 "충성된 말로 고하며, 잘 인도해 나아갈 것이다. 그렇게 해도 그 친구가 기어이 옳지 못한 길로 나아가면 그만둘 것이고, 자기 몸을 욕되게까지는 하지 말아야 한다."라고 말했다.

친구란 어진 일로 서로 돕는 것이 제일이다. 그렇기 때문에 자기의 마음을 다해서 충고하고 또 자기의 마음을 다해서 인도해 나가야 한다. 하지만 또 친구란 의리를 가지고 서로 합한 사이이기 때문에 옳지 못한 것을 알았을 때는 그만 멈추어야 한다. 그렇지 않고 만일 오랫동안 이런 일을 계속한다든지 그 친구가 듣지 않는데도 너무 지나치게 자주 권하면 도리어 자기 몸에 욕이 돌아오게 되는 것이다.

공자는 또 친구에 대해 이런 말도 했다.

"그 나라에 있을 때는 그 나라 대부들 중에 어진 자를 섬길 것이며 또 그 나라 안에 있는 선비들 중에 어진 사람들과 사귈 것이다."

대부들 중에 어진 자를 섬기면 그 사람에게 엄한 데가 있어 자기의 행동을 조심하게 될 것이요, 선비 중에 어진 사람을 사귀면 그 친구로 해서 자기의 행동이 옳은 방향으로 향상할 것이니 이것은 모두 덕으로 나아가는 데 도움이 되는 일들이다.

맹자는 친구 사귀는 일에 대하여 이렇게 말했다. "자기가 어른이라고 해서 자만하지 말고, 자기가 귀하다고 해서 자만하지 말며, 또 자기에게 형제가 많다고 해서 자만하여 벗을 사귀지 말라. 벗이라는 것은 그 덕을 사귀는 것이요, 서로 자만하는 것을 사귀는 것이 아니다."

자기의 자만만을 가지고 친구를 사귀면 그 친구를 사귀는 뜻이 성실치 못한 것이니, 이런 사람은 어진 사람과 더불어 사귀지는 못할 것이다.

또 이런 말도 있다.

"자기에게 유익한 친구가 셋이요, 자기에게 손해되는 친구가 셋이 있다. 정직한 사람, 신실한 사람, 아는 것이 많은 사람을 사귀면 유익한 것이요, 편벽된 사람, 남의 비위만 맞추어 주는 사람, 말만 잘하고 아무런 실속도 없는 사람을 사귀면 손해가 된다."

정직한 사람과 사귀면 자기의 과오를 그 사람에게서 들을 수 있다. 신실한 사람과 사귀면 자기 자신도 성실한 일을 해 가게 된다. 또 아는 것이 많고 들은 것이 많은 사람과 사귀면 자기 자신의 지식도 넓혀 갈 수 있다. 그러니 이들 세 부류의 친구는 사귀면 사귈수록 유익하다는 말이다.

또 이와 반대로 편벽된 사람과 사귀면 자기도 공연한 위의만

앞세우고 곧지 못한 사람이 될 것이며, 남의 비위만 맞추는 사람과 사귀면 자기 자신도 모르는 사이에 남의 눈치만 보아 행동하여 신실성을 잃게 된다. 또 거짓말만 하고 실속이 없는 사람과 사귀면 자기의 지식에 아무런 보탬이 되지 못할 뿐만 아니라 도리어 여기에 물들어 거짓만을 본받는 사람이 될 것이니, 이것은 확실히 자기에게 손해되는 친구이다. 이런 친구와는 사귀는 일을 삼가야 할 것이다.

증자는 이렇게 말하였다.

"군자는 글로 벗을 모으고, 벗으로 어진 것을 돕는다."

학문하는 일로써 친구를 모으면 자기의 도가 더욱 밝아질 것이며, 착한 것을 취해서 어진 일을 도와 나가면 덕업이 날로 진보할 것이다. 증자의 이 말에서 나온 '이문회우(以文會友)'는 친구에 대한 여러 가지 말에 많이 쓰인다.

『동몽훈(童蒙訓)』에 보면 이런 말이 있다.

"동료끼리 합하는 것과 새 친구와 옛 친구를 바꾸는 순서에는 마치 형제간의 의리 같은 것이 있다. 그렇기 때문에 뒤에 그 자손의 대에 이르러서도 역시 대마다 그 조상 때 사귀던 것을 생각했었다. 그런 사람들은 이런 일을 일삼더니 요새 사람들은 이것을 아는 자가 몹시 드물다. 옛날에는 자기의 주장이나 자기 위에서 안찰관을 하던 사람이면 뒷날에 비록 자기의 벼슬이 높아졌

더라도 그에게 사양하여 아랫자리에 앉았다. 풍속이 이와 같으면 모든 것이 후해지지 않을 수가 있겠는가?"

횡거(橫渠) 선생은 친구에 대해서 이렇게 말했다.

"지금 사람들은 친구를 사귀는 데 남의 비위 잘 맞추는 자만을 골라서 사귀고 있다. 그리해서 이들끼리 서로 어깨를 치고 옷소매를 잡아당기면서 서로 의기로 합한 것처럼 여기고 있다. 하지만 이들은 말 한마디만 틀리면 노한 기운을 참지 못하기가 일쑤이다. 그러나 정말 친구라면 서로 자기 몸을 낮추기를 게을리하지 말아야 하는 것이다. 그렇기 때문에 친구 사이에는 공경하는 것을 주장하는 자라야만 날마다 서로 더욱 친해져서 가장 빨리 본받는 것이다."

다음 몇 가지는 『명심보감』에 있는 주옥같은 구절들이다.

"서로 얼굴을 아는 사람은 이 세상에 가득하지만 정말 그 마음속을 알 수 있는 사람은 몇이나 되겠는가?"

相識(상식) 滿天下(만천하) 知心(지심) 能幾人(능기인)

"술이나 음식을 먹을 때 형이니 아우니 하고 친하게 사귄 친구는 천 명이라도 있다. 하지만 시급한 환난을 당했을 때 도와주는 친구는 하나도 없다."

酒食兄弟(주식형제) 千個有(천개유) 急難之朋(급난지붕) 一個
無(일개무)

"군자의 사귐은 담담하기가 마치 맹물과 같고, 소인의 사귐은
달기가 꿀맛과 같다."

君子之交(군자지교) 淡如水(담여수) 小人之交(소인지교) 甘如
蜜(감여밀)

"가는 길이 멀어야만 타고 가는 말의 힘을 알 수가 있고, 사귄
지가 오래되어야 그 사람의 마음을 알 수가 있다."

路遙(노요) 知馬力(지마력) 日久(일구) 見人心(견인심)

다음은 『채근담』에 있는 친구 사귀는 일에 대한 명언을 몇 구
절 소개한다.

"군자의 마음이란 항상 청천백일(靑天白日)과 같이 한 점의 구
름도 끼어 있지 않다. 그래서 모든 사람으로 하여금 그 마음을
알 수가 있게 한다. 군자의 재주는 마치 옥이 물속에 싸이고 구
슬이 바닷속에 감추어진 것과 같다. 따라서 이것은 남들이 쉽사
리 알 수가 없다."

君子之心事(군자지심사) 天靑日白(천청일백) 不可使人不知

(불가사인부지) 君子之財華(군자지재화) 玉韞珠藏(옥온주장) 不
可使人易知(불가사인이지)

"권세나 세력, 그리고 명예와 이익 같은 번화한 것에 가까이하
지 않는 자가 깨끗한 것이다. 또 가까이는 하더라도 여기에 물들
지 않으면 더욱 깨끗한 사람이다. 지략이나 술수의 모든 교묘한
꾀를 모르는 자가 높은 것이다. 또 알기는 하면서도 이것을 쓰지
않는 자가 더욱 높은 사람이다."

勢利粉華(세리분화) 不近者(불근자) 爲潔(위결) 近之而不染者
(근지이불염자) 爲尤潔(위우결) 知械機巧(지계기교) 不知者(부지
자) 爲高(위고) 知之而不用者(지지이불용자) 爲尤高(위우고)

"지름길 험한 곳에서는 한 걸음 여기에 멈추어서 다른 사람과
함께 가도록 하고, 맛 좋은 음식이 있으면 이것을 삼 푼쯤 덜어
서 남에게 주도록 하라. 이것은 세상길을 걸어 나가는 제일 안락
한 법이다."

經路窄處(경로착처) 留一步(유일보) 與人行(여인행) 滋味濃的
(자미농적) 減三分(감삼분) 讓人嗜(양인기) 此是涉世(차시섭세)
一極(일극) 安樂法(안락법)

"친구를 사귀는 데는 모름지기 3분의 의협심을 가져야 한다. 그리고 사람이 되려면 마땅히 한 점 자기의 깨끗한 마음을 지녀야 한다."

交友(교우) 須帶三分俠氣(수대삼분협기) 作人(작인) 要存一默素心(요존일묵소심)

"천금의 돈을 주고서도 한때의 즐거운 마음을 살 수는 없고, 밥 한 그릇을 가지고서도 몸을 바치도록 감사하게 할 수가 있다. 그러니 대개 사랑이 지나치면 도리어 원수가 되는 수도 있고, 지나치게 박하게 한 것이 도리어 기쁜 일이 되는 수도 있다."

千金(천금) 難結一時之歡(난결일시지환) 一飮(일음) 竟致終身感(경치종신감) 蓋愛重反爲仇(개애중반위구) 薄極翻成喜(박극번성희)

"남의 단점은 힘써 감춰 주어야 한다. 만일 이것을 폭로해 드러내면 자기의 단점으로 남의 단점을 공격하는 일이 된다. 사람이 완고한 점이 있으면 이것을 잘 일깨워서 고치도록 해야 한다. 만일 그렇지 않고 이것을 분하게 여기고 미워한다면 이는 자기의 완고함으로 남의 완고함을 책망하는 결과가 될 것이다."

人知短處(인지단처) 要曲爲彌縫(요곡위미봉) 如暴而揚之(여폭

이양지) 是以短攻短(시이단공단) 人有頑的(인유완적) 要善爲化
誨(요선위화회) 如念而疾之(여염이질지) 是以碩濟碩(시이완제완)

　"열 마디 말 중에 아홉 가지만 이치에 맞는 말을 해도 이것을
반드시 잘한다고 칭찬하지는 않는다. 그러나 말 한마디만 옳지
못하게 한다면 이것을 나무라는 소리가 쏟아져 나온다. 또 열 가
지 계획 중에서 아홉 가지가 성공한대도 이것을 반드시 잘한다
고 공으로 알아주지 않는다. 하지만 한 가지 계획만 이루어지지
않아도 비방하는 의논이 모여든다. 그런 까닭에 군자는 차라리
침묵을 지킬지언정 시끄럽게 떠들지는 않으며, 차라리 졸렬하게
아무 계획도 하지 못할지언정 교묘한 듯한 계획은 세우지 않는
것이다."

　十語九中(십어구중) 未必稱奇(미필칭기) 一語不中(일어부중)
則愆尤騈集(즉건우병집) 十謀九成(십모구성) 未必歸功(미필귀
공) 一謀不成(일모불성) 則訾議叢興(즉자의총흥) 君子(군자) 所
以寧默毋躁(소이영묵무조) 寧拙毋巧(영졸무교)

　"땅이 더러운 곳에 생물이 많이 자라게 마련이다. 그리고 물이
지나치게 맑으면 물고기가 살지 않는다. 그 때문에 군자는 마땅
히 때 묻고 더러운 것을 포섭해 받을 만한 도량을 가질 것이요.

지나치게 깨끗한 것만을 좋아하고 혼자서만 행해 나가려는 뜻을
가져서는 안 된다.”

地之穢者(지지예자) 多生物(다생물) 水之淸者(수지청자) 常無
魚(상무어) 故君子(고군자) 當存含垢納汚之量(당존함구납오지량)
不可持好潔獨行之操(불가지호결독행지조)

“내가 남에게 공이 있다 해도 그것을 생각하고 있어서는 안 된
다. 그러나 자기에게 허물이 있다면 그것만은 잊지 말고 생각해
야 한다. 또 사람이 나에게 은혜를 입힌 일이 있다면 그것을 잊
어서는 안 된다. 그러나 사람이 나에게 원망받을 일이 있을지라
도 그것은 곧 잊어버려야 한다.”

我有功於人(아유공어인) 不可念(불가념) 而過(이과) 則不可不
念(즉불가불념) 人有恩我(인유은아) 不可忘(불가망) 而怨(이원)
則不可不忘(즉불가불망)

“정치가 잘되는 세상, 즉 태평한 세월에는 몸가짐을 마땅히 바
르게 해야 한다. 어지러운 세상에서는 몸가짐을 마땅히 원만하
게 해야 한다. 또 말세, 즉 아주 망해 가는 세상에서는 마땅히 바
름과 원만함을 다 가져야 한다. 착한 사람을 대할 때는 마땅히
너그럽게 해야 한다. 이와 반대로 악한 사람을 대할 때는 마땅히

엄해야 한다. 또 보통 사람들을 대할 때는 너그러움과 엄함을 함께 지녀야 한다."

處治世(처치세) 宜方(의방) 處亂世(처난세) 宜圓(의원) 處季世之世(처계세지세) 當方圓竝用(당방원병용) 待善人(대선인) 宜寬(의관) 待惡人(대악인) 宜嚴(의엄) 待庸衆之人(대용중지인) 上寬嚴互存(상관엄호존)

10
처세장(處世章)

옛날에는 배우는 자들이 일찍부터 벼슬을 구하지 않았다. 학문이 이루어지면 그중에서 학문이 출중한 자는 들어서 써 주었다. 대개 벼슬이란 남을 위하는 일이었지 자기를 위하는 일이 아니었다. 그러나 지금 세상은 그렇지 않고 과거를 통해서만 사람을 올려 쓴다. 그러므로 제아무리 하늘에 통하는 학문이 있고 남에게 없는 행실이 있다고 하더라도 과거를 거치지 않고서는 출세하는 길에 나아갈 수가 없다. 따라서 아버지가 자식을 가르치고 형으로서 그 아우를 권면하는 것은 오로지 이 과거 이외에는 다른 아무런 방법도 없기 때문이다. 선비들이 구차히 이 습관을 찾는 것은 실로 이 까닭이다.

그래서 지금 선비 노릇 하는 자는 모두 부모의 희망에 따르고, 또 집안을 열어 줄 계획으로 이 과거 보는 공부를 하지 않을 수가 없다. 그러나 또한 마땅히 자기의 글 실력만을 날카롭게 하고 그 때가 오기를 기다릴 뿐으로, 이것이 성공하고 성공치 못하는 것은 모두 천명에 붙일 따름이고, 공연히 탐내고 조급히 굴어서 속을 태워 그 본래의 뜻을 잃게 해서는 안 된다.

  사람들은 과거란 자기 몸에 누가 될 뿐이고, 자기 학문에는 아무런 도움도 되지 못한다고 말한다. 그러나 이것은 모두 핑계로 하는 말이요, 성심에서 나온 말이 아니다. 옛사람은 부모를 봉양하는 데 몸소 밭을 갈아 농사지은 사람도 있고 돌아다니면서 품팔이를 한 사람도 있다. 또는 쌀 짐을 져다 주고 돈을 받아다 부모의 찬거리를 사다 드린 사람도 있다. 이들은 몸소 밭을 갈고 품팔이를 하고 쌀을 질 때 그 괴로움이야말로 말할 수 없이 심했을 테니 어느 겨를에 글을 읽었겠는가? 오직 그 사람이 부모를 위해서 수고로운 일을 하면서도 그 수고로움을 괴롭게 여기지 않은 것만으로 이미 그는 자식 된 직책을 닦은 셈이다. 이렇게 자식 된 직책을 닦는 틈틈이 학문을 해서 역시 올바른 덕에까지 나아갔던 것이다. 그런데 오늘날 선비 된 자는 부모를 위해서 수고로운 일을 하는 것이 옛날 사람 같은 자를 보지 못하겠다. 그리고 다만 과거 공부 하는 한 가지 일만 가지고 이것이 부모가 바라는 일이라고만 한다. 그럼에도 지금 이미 공부의 효과가 나기만 애쓰는 것을 면치 못하는 것이 지금 사람들의 실정이다. 과거 공부라는 것은 비록 이치를 궁리하는 공부와는 같지 않다고 하지만 역시 이것은 앉아서 글을 읽고 글을 짓는 일들이니 몸소 밭 갈고 품팔이하고 등짐을 지는 일보다는 백 배나 편하지 않으랴? 그런데 더구나 글을 읽고 남는 힘이 있을 때 성리(性理)의 글을 읽는 것이 무엇이 어렵단 말인가? 다만 과거 공부를 하는 자들은 이것이 이루어질지 실패할지에 얽매여 여기에 마음이 움직이기 때문에 마음이 항상 초조하고 조급해서 도리어 자기 몸으로 애쓰는 것만 못하다. 왜냐하면 힘만 들여 일하는 것은 자기의 마음에는 해를 끼치지 않기 때문이다. 그렇기 때문에 선현들은 "공부에 해로운 것은 걱정하지 말고 오직 그 뜻을 뺏길까 걱정하라."라고 했다. 그러므로 만일 그 일을 해도 능히 자기가 지키는 뜻을 잃지 말 것이니 과거 공부와 이치를 궁리하는 공부를 다 같이 행해 나갈 것이요, 한쪽에만 치우치지 말 것이다. 지금 사람들은 이름으로는 과거 공부를 한다고 하지만 실상 여기에도 공명이 나타나지 않고, 이학(理學)을 공부한다고 하면서도 사실은 여기에도 뚜렷한 효과가 나타나지 않는다. 남들이 만일 과거 공부를 하라고 말하면 그는 말하기를 "나는 이학 공부를 하고 있기 때문에 다른 공부를 할 수가 없다."라고 하고, 또 남들이 이

학 공부를 하라고 말하면 그는 말하기를 "나는 지금 과거 공부를 하고 있기 때문에 다른 일을 할 틈이 없다."라고 한다. 이렇게 해서 양쪽을 모두 하는 체만 하고 아무 일하는 것 없이 날짜만 보내서 마침내는 과거에도 성공하지 못하고 이학 공부에도 아무런 성과를 거두지 못한다. 이렇게 하고서 늙어 버리면 제아무리 뉘우친들 무슨 소용이 있으랴? 아아! 이것을 어찌 경계하지 않으랴?

사람이 아직 벼슬을 하기 전까지는 오직 벼슬하는 것만을 급하게 생각한다. 그러나 이미 벼슬을 한 뒤에는 또 이것을 잃지 않으려고 노력하고 있다. 이렇게 벼슬만을 붙들기에 골몰해서 자기가 가지고 있던 본심을 잃는 자가 많은 형편이니 이 어찌 두려운 일이 아니겠는가? 지위가 높은 자는 올바른 도를 행하기에 중점을 둘 것이요, 이 도가 만일 행해지지 않으면 가히 물러갈 것이다. 만일 집이 가난해서 벼슬을 해야만 살겠으면 모름지기 내직(內職)을 사양하고 외직(外職)으로 나가고 또 높은 벼슬을 사양하고 낮은 자리에 거하여 굶주림과 추위를 면할 뿐이다. 또 비록 벼슬살이를 한다고 해도 또한 마땅히 청렴하고 부지런하게 일해서 자기의 직무를 다할 것이요, 아무 일도 하지 않고 봉급만 타 먹고 살아서는 안 되는 것이다.

처세장 제십
處世章 第十

고 지 학 자　　　미 상 구 사　　　학 성　　　즉 위 상 자
古之學者는 未嘗求仕요 學成이면 則爲上者

거 이 용 지　　　　개 사 자　　위 인　　　비 위 기 야　　금 세
擧而用之니라 蓋仕者는 爲人이요 非爲己也라 今世엔

즉 불 연　　　　이 과 거 취 인　　　수 유 통 천 지 학　　절 인 지 행
則不然하여 以科擧取人하여 雖有通天之學과 絶人之行이라도

비 과 거　　무 유 진 어 행 도 지 위　　고　　부 교 기 자
非科擧면 無由進於行道之位라 故로 父敎其子하고

형 면 기 제　　　과 거 지 외　　편 무 타 술　　　사 습 지 투
兄勉其弟엔 科擧之外에 便無他術이니 士習之偸

직 차 지 유　　　제 금 위 사 자　　다 위 부 모 지 망　　문 호 지 계
職此之由니라 第今爲士者는 多爲父母之望과 門戶之計하여

불 면 주 과 업　　　역 당 리 기 기　　　사 기 시　　　득 실
不免做科業이니 亦當利其器하고 侯其時하여 得失을

부 지 천 명　　　불 가 탐 조 열 중　　　이 상 기 지 야
付之天命이요 不可貪躁熱中하여 以喪其志也니라

인 언 과 업　　위 루　　　불 능 학 문
人言科業이 爲累하여 不能學問이라 하니

차 역 추 탁 지 언　　　비 출 어 성 심 야　　고 인 양 친　　유 궁 경 자
此亦推托之言이요 非出御誠心也라 古人養親엔 有躬耕者하고

유 행 용 자　　　유 부 미 자　　부 궁 경 행 용 부 미 지 시
有行傭者하고 有負米者니 夫躬耕行傭負米之時에

근 고 심 의　　하 가 독 서 호　　유 기 위 친 임 로　　기 수 자 직
勤苦 甚矣니 何暇讀書乎아 惟其爲親任勞하여 旣修子職하고

이 여 력　　　학 문　　　역 가 진 덕　　　금 일 지 위 사 자
而餘力으로 學文하여 亦可進德이니라 今日之爲士者는

불 견 위 친 임 로　이 고 인 자　　지 시 과 업 일 사　시 친 정 지 소 욕
不見爲親任勞 如古人者요 只是科業一事 是親情之所欲이라

금 기 불 면 주 공　　　즉 과 업　　수 여 이 학 부 동
今旣不免做功이면 則科業이 雖與理學不同이나

亦是坐而讀書作文이 其便於躬耕行傭負米에 不啻百倍어던

況有餘力하여 可讀性理之書哉아 只是做科業者는

例爲得失所動하고 心常躁競하여 反不若勞力之不害心術이라

故로 先賢이 曰 不患妨功이라 惟患奪志라 하니 若能爲其事요

而不喪其守면 則科業理學을 可以竝行不悖矣니라

今人은 名爲做擧業이나 而實不著功名이요 爲做理學이나

而實不下手니 若責以科業인댄 則曰 我志於理學이나

不能屑屑於此라 하고 若責以理學이면 則曰 我爲科業所累요

不能用功於實地라 如是면 兩占便宜하여 悠悠度日하여

卒至於科業理學에 兩無所成이니 老大之後에 雖悔何追리요

嗚呼라 可不戒哉아

人於未仕時엔 惟仕是急이요 旣仕後엔 又恐失之니

如是汩沒하여 喪其本心者 多矣니 豈不可懼哉아 位高者는

主於行道니 道不可行이면 則可以退矣니라 若家貧하여

未免祿仕면 則須辭內就外하고 辭尊居卑하여 以免飢寒而已니

雖曰 祿仕라도 亦當廉勤奉公하여 盡其職務요 不可曠官하여

이 포 철 야
而鋪啜也니라

[해설]

여기서는 사람의 처세에서 가장 중요한 과거와 벼슬에 대한 이
야기를 했다.

옛날에는 벼슬을 구하지 않는 사람이라도 그 사람의 인격이
높으면 국가에서 소문을 듣고 기용하였다. 그러나 저자가 살던
당시에는 그렇지 않아서 오직 과거를 보아서 합격해야만 비로소
그 사람을 뽑아 쓰게 되었다. 아무리 하늘을 꿰뚫는 재주가 있고
학문이 뛰어나다 할지라도 과거를 거치지 않으면 출세할 길이
없고, 자기의 역량을 써 볼 길도 없다. 그렇기 때문에 아버지가
자식을 가르치는 데도, 형이 아우를 훈계하는 데도 오직 과거를
권하는 길 이외에 달리 방법이 없다는 것이다.

그래서 선비란 사람들은 부모의 소망에 부응하기 위해서도,
또는 자신의 학문적 발전을 위해서도 오직 과거를 위해 전진하
는 한 가지 방법밖에 없다는 것이다.

그러나 저자는 이런 실정을 먼저 말하고 나서 다시 이렇게 경
계한다. 아무리 세속이 이렇게 변모하기는 했지만 그래도 자기

역량을 기르면서 때를 기다려야 하며, 공연히 초조하고 성급하게 과거에 급제하여 벼슬길로 진출하려고 애쓰지 말라는 것이다.

옛사람들은 부모를 봉양하는 데는 몸소 농사짓는 일도, 품팔이 일도 구애받지 않았다. 농사일을 하고 품팔이를 해서 부모를 봉양하고 남는 여가가 있으면 글을 읽었다는 것이다.

그런데 지금 사람들은 부모 봉양은커녕 글 읽는 것마저 너무도 등한시하고 있다. 예를 들면 이학(理學) 공부를 하라고 하면, 나는 지금 과거 공부를 하고 있으니 이학 공부는 할 틈이 없다고 말하고, 또 이와 반대로 과거 공부를 열심히 하라고 권고하면, 나는 지금 이학 공부를 하는 중이라고 말해서, 결국 이학 공부도 과거 공부도 제대로 하지 못한 채 세월만 보내고 있다. 이것이 어찌 한심한 일이 아니냐는 것이다.

끝으로 저자는 과거를 치러 벼슬길에 나가더라도 그 후의 행동을 삼가라고 말한다. 즉 벼슬하기 전까지는 내가 어떻게 하면 벼슬을 할까 하고 갈망하다가 어찌어찌해서 벼슬을 하게 되면 이 벼슬을 놓치지 않으려고만 애를 쓴다. 이 벼슬자리를 놓치지 않으려고 발버둥 치는 사이에 자기가 가지고 있던 본성, 즉 착하고 아름답던 바탕은 모두 다 잃고 만다는 것이다. 벼슬자리에 오른 사람은 모름지기 자기가 옳다고 생각하는 정말 옳은 정치를 해보다가 이것이 행해지지 않으면 마땅히 물러나야 하는 것이다.

또 집이 가난해서 기어이 봉급을 받아야 할 처지라면 지방 관청의 조그만 직책을 구해서 굶주림이나 면하면 그만이라는 것이다. 또한 아무리 조그만 벼슬자리에 있더라도 마땅히 청렴결백해야 하고 근검·봉사해서 자기 직무를 완수해야 할 것이다. 그런데 사람들은 이와 반대다. 자신의 잘못이 있어도 물러나려 하지 않는다. 또 덮어놓고 높은 자리만 구한다. 그 자리에 올라서도 자기의 직무를 완수하지 못한 채 재물만 탐낸다. 이 어찌 한심한 노릇이 아니냐는 것이다.

『공자가어(孔子家語)』에 보면 이런 말이 있다.

"학문을 좋아하는 사람과 함께 길을 걸어가면 마치 안개 속을 걸어가는 것 같아서 비록 옷이 젖는 것이 눈에 띄지는 않아도 때때로 물기운이 옷에 배어 오는 것을 느끼게 된다. 또 아무것도 모르는 사람과 함께 길을 걸어가면 마치 화장실에 앉아 있는 것과 같아서 비록 옷이 더럽혀지지는 않는다 할지라도 때때로 더러운 냄새가 풍겨나는 것을 느끼게 된다. 그러니 세상 사람들은 세상에 거처하고 친구를 사귈 때 반드시 학문을 좋아하는 사람과 같이 거처하고 학문을 좋아하는 사람과 사귀어야 한다."

다음으로 또 공자의 말 한 가지를 소개한다.

"착한 사람과 같이 있으면 내 몸이 마치 지초[芝]나 난초[蘭]가 있는 방에 들어간 것과 같다. 그래서 오래 있으면 그 향기를 맡을 수 있을 만큼 자기 자신도 그와 같이 변할 것이다. 이와 반대로 착하지 못한 사람과 같이 있노라면 마치 생선 가게에 들어간 것과 같다. 그래서 오래 있으면 그 냄새를 자기 자신이 맡을 수 없을 만큼 거기에 동화해 버린다. 주사(朱砂)[1]를 간직해 둔 곳은 저절로 붉어지고 옻[漆]을 간직해 둔 곳은 저절로 검어지게 마련이다."

그렇기 때문에 군자는 반드시 자기와 함께 있을 사람을 신중히 선택하라는 말이다. 착한 사람과 사귀는 처세 방법, 학문하는 사람과 사귀는 처세 방법, 이것이 우리 동양 고대의 처세에 대한 큰 교훈이었던 동시에 오늘날에도 이러한 처세에 대한 명훈(明訓)은 역시 한마디 한마디가 모두 금언(金言) 아닌 것이 없다.

자동제군(梓潼帝君)은 도가에서 말하는 인간의 복록(福祿)을 맡은 신이다 그는 일찍이 진(晉)나라에서 벼슬하다가 전사한, 촉의 칠곡산에 살던 장아자(張亞子)의 후신이라고 한다. 그런데 이 자동제군이 훈계한 말 중에 이런 것이 있다.

"아무리 신기한 약이라도 그 병이 원한으로 인해서 생긴 것이면 고칠 수가 없다. 또 힘들이지 않고 저절로 생긴 재물은 운

---

1   진한 붉은색을 띤 광물

수 나쁜 사람을 부자 되게 하지 못한다. 자기 자신이 일을 만들어 놓고 일이 많다고 원망하지 말고, 사람을 해쳐 놓고 나서 남이 자기를 해롭게 한다고 욕하지 말라. 천지간에 모든 일이 저절로 보답이 있는 것이니 멀게는 자손에게까지 갈 것이요, 가깝게는 자기 몸에 있게 될 것이다."

妙藥難醫寃債病(묘약난의원채병) 橫財不當命窮人(횡재부당명궁인) 生事事生君莫怨(생사사생군막원) 害人人害汝休嗔(해인인해여휴진) 天地自然皆有報(천지자연개유보) 遠在兒系近在身(원재아손근재신)

"꽃은 졌다가는 다시 피고 피었다가는 다시 지는 법, 비단옷·무명옷은 철 바꾸어 갈아입는 것일세. 호화로운 기와집이 항상 부귀를 유지하지 못하고 가난한 오막살이 언제까지나 쓸쓸하랴? 사람을 돕더라도 하늘 끝까지 오르게 할 수 없고, 남을 해쳐봐도 구렁 속까지는 밀어 넣지 못하네. 그대에게 권하노니 모든 일 하늘을 원망 말라, 저 하늘 뜻 조금도 후박(厚薄)이 없네."

花落花開還又落(화락화개환우락) 錦衣布衣更換着(금의포의경환착) 豪家未必常富貴(호가미필상부귀) 貧家未必長寂寞(빈가미필장적막) 扶人未必上靑霄(부인미필상청소) 推人未必塡邱壑(추인미필진구학) 勸君凡事莫怨天(권군범사막원천) 天意於人無厚

薄(천의어인무후박)

"사람의 독사 같은 마음 한스럽고, 하늘의 보는 눈 둥글기 수
레바퀴 같은 줄 누가 알리. 지난해에 부질없이 동녘 이웃에서 가
져온 물건이 오늘은 다시 북쪽 집으로 가 버렸네. 의리가 아닌
돈과 재물은 끓는 물에 눈 녹듯 하고 우연히 얻은 땅은 마치 물
이 모래를 밀어 덮는 듯하네. 만일 간사한 꾀로 생활 방법을 삼
을 양이면 아침에 피었다가 저녁에 지는 꽃과 같이 오래가지 못
하네."

堪歎人心毒如蛇(감탄인심독여사) 誰知天眼轉如車(수지천안전
여거) 去年妄取東隣物(거년망취동린물) 今日還歸北舍家(금일환
귀북사가) 無義錢財湯潑雪(무의전재탕발설) 償來田地水推沙(상
래전지수퇴사) 若將狡譎爲生計(약장교휼위생계) 恰似朝開暮落
花(흡사조개모낙화)

장문절공(張文節公)의 이름은 지백(知伯), 자는 용회(用晦)이
며, 창주(滄州) 사람으로서 문절(文節)은 그의 시호다. 한나라에
서 벼슬하여 지위가 정승까지 오른 사람이다. 그는 정승이 된
뒤에도 먹는 음식, 입는 의복이 말이 아니었다.

그가 전에 하양(河陽) 고을에서 서기라는 지극히 미천한 벼슬

을 지낸 일이 있었는데 정승이 된 뒤에도 여전히 하양 고을에 있을 당시의 생활 그대로였다.

이것을 보고 어느 날 그와 가장 절친한 친구 한 사람이 말했다.

"지금 그대는 나라에서 받는 봉급만 해도 적지 않지 않은가? 그런데도 거처와 의식을 이렇게 하고 지낸다면 이것은 마치 저 공손홍이 무명옷을 입던 일과 같이 거짓스러운 생활을 한다고 남들이 비웃을 것일세. 이것을 변명하기 위해서라도 마땅히 남들이 하는 대로 생활을 해 나가야 할 것일세."

그러나 장문절공은 탄식하면서 이렇게 말했다.

"그렇지. 내가 오늘날 받는 봉급으로 말하면 온 집안 식구가 모두 비단옷을 입고 고기반찬을 먹어도 못할 일이 아니지. 하지만 나는 그렇게 생각지 않네. 사람이란 누구나 검소하게 지내다가 사치하기는 쉽지만, 사치스럽게 지내던 사람이 졸지에 검소하게 지내기란 몹시 어려운 법일세. 그러니 오늘날 내가 받는 봉급은 어찌 항상 받을 수 있는 것이며, 이 몸뚱이 역시 어찌 항상 있을 수 있는 것이겠는가? 만일 하루아침에 오늘과 다른 일이 생기고 보면 집안사람들이 이미 사치스럽게 지낸 지가 오랜 터라 갑자기 검소한 생활을 견디지 못해서 반드시 실수를 저지르고 말 것일세. 그러니 내가 이런 벼슬에 있을 때나 이 벼슬을 내놓았을 때나 또 내 몸이 있을 때나 내 몸이 없을 때나 할 것 없이 언제나 한결같이 검소하게 지내는 것만 한 것이 없을 것일세."

『채근담』에 이런 구절들이 있다.

"절약하고 검소한 것은 아름다운 덕이다. 하지만 이것이 너무 지나치면 더럽고 인색한 것이 되어 도리어 정당한 도를 상하게 한다. 또 겸손히 양보하는 것은 아름다운 행동이다. 하지만 이것이 지나치면 도리어 비굴한 태도가 되어 본마음을 의심하게 된다."

儉(검) 美德也(미덕야) 過則爲慳吝(과즉위간린) 爲鄙嗇(위비색) 反傷雅道(반상아도) 讓(양) 懿行也(의행야) 過則爲足恭(과즉위족공) 爲曲謹(위곡근) 多出機心(다출기심)

"입이란 곧 마음의 문이다. 그러니 이 입을 엄밀하게 지키지 않으면 마음의 밑바닥에 있는 참 기틀을 드러내고 말 것이다. 또한 뜻이란 마음의 발과도 같다. 그러니 이 뜻을 엄밀하게 막지 않으면 마침내 옳지 못한 길로 달아나 버리고 말 것이다."

口乃心之門(구내심지문) 守口不密(수구불밀) 洩盡眞機(예진진기) 意內心之足(의내심지족) 防意不嚴(방의불엄) 走盡邪蹊(주진사혜)

"인정이란 변하기 쉬운 것 그리고 세상길은 기구하기 이를 데

없다. 그러니 쉽게 갈 수 없는 곳은 모름지기 한 걸음 물러서는 법을 알아야 하고, 또 쉽게 갈 수 있는 곳은 남에게 조금쯤 공을 사양할 것이다."

人情(인정) 反覆(반복) 世路(세로) 崎嶇(기구) 行不去處(행불거처) 須知退一步之法(수지퇴일보지법) 行得去處(행득거처) 務加讓(무가양) 一分之公(일분지공)

"완전한 명예나 아름다운 지조는 누구나 갖고 싶어 한다. 그러나 이것을 독점해서 혼자 차지하지 않고 남에게 나누어 줄 줄 알아야 해를 멀리하고 자기 몸을 온전히 할 수가 있다. 또 욕된 행실이나 더러운 이름은 누구나 갖고 싶어 하지 않는다. 하지만 이것을 전부 남에게만 미루어서는 안 된다. 그것을 조금쯤은 나에게 이끌어 가져서 나의 빛을 숨기고 덕을 길러 나가도록 해야 한다."

完名美節(완명미절) 不宜獨任(불의독임) 分些與仁(분사여인) 可以遠害全身(가이원해전신) 辱行汚名(욕행오명) 不宜全推(불의전추) 引些歸己(인사귀기) 可以韜光養德(가이도광양덕)

"남을 해하고자 하는 마음 두지 말라. 그러나 남의 해를 막는 마음은 없을 수가 없다. 이것은 생각이 소홀한 것을 경계하는 것이다. 또 차라리 남의 속임을 받을지라도 남의 속임수를 거스르지는 말 것이다. 이것은 남을 살피기를 지나치게 할까 경계하는 것이다. 이 두 가지 마음을 모두 가질 수가 있다면 생각이 정밀하고 밝아지며 행하는 행동이 후할 것이다."

害人之心(해인지심) 不可有(불가유) 防人之心(방인지심) 不可無(불가무) 此戒疎於慮(차계소어려) 寧受人之欺(영수인지기) 毋逆人之詐(무역인지사) 此警傷於察也(차경상어찰야) 二語竝存(이어병존) 精明而渾厚矣(정명이혼후의)

"고요한 속에서 고요한 마음을 갖는다는 것은 정말 고요한 것이 아니다. 시끄러운 속에서 고요한 마음을 가져야만 이것이 정말 심성의 참 경지에 들어간 것이다. 즐거운 곳에서 즐거운 마음을 갖는 것은 정말 즐거운 것이 아니다. 괴로운 가운데서도 즐거운 마음을 가져야만 여기서 비로소 몸과 마음의 참기틀을 볼 수가 있는 것이다."

靜中靜(정중정) 非眞靜(비진정) 動處(동처) 靜得來(정득래) 纔足性天之眞境(재족성천지진경) 樂處樂(낙처락) 非眞樂(비진락) 苦中(고중) 樂得來(낙득래) 纔見心體之眞機(재견심체지진기)

"복사꽃 오얏꽃이 제아무리 고운들 어찌 푸른 저 소나무 잣나무의 굳고 곧은 것에 비교하랴? 배와 살구가 제아무리 맛이 달다 한들 저 노란 유자나 푸른 귤의 맑은 향기를 당하리? 그렇다. 너무 곱다가 쉽게 시들어 버리느니보다는 담박하여 오래가는 것이 좋고, 일찍 빼내서 뽐내느니보다는 늦게 가서 이루어지는 것이 낫다."

桃李雖艶(도리수염) 何如松蒼栢翠之堅貞(하여송창백취지견정) 梨杏雖甘(이행수감) 何如橙黃橘綠之馨冽(하여등황귤록지형렬) 信乎濃夭(신호농요) 不及淡久(불급담구) 早秀不如晩成也(조수불여만성야)

주나라 범노공(范魯公)의 이름은 질(質), 자는 문소(文素)로서 당시의 큰 명인이었다.

그가 벼슬이 재상에 올랐을 때의 일이다. 그의 조카 호(杲)가 벼슬이 승진되기를 구하는 것을 보고 범노공은 다음과 같은 시를 지어 아들과 조카들을 훈계했다.

"너에게 그 몸 세우고 배우는 것을 경계하노니, 효도와 우애를 먼저 하느니만 못하니라. 화락하게 부모와 어른을 받들어서, 조금도 교만한 마음 갖지 말도록 두려워하고 또 삼가서, 잠시라도 이것을 잊지 말라."

戒爾學立身(계이학입신) 莫若先孝悌(막약선효제) 怡怡奉親長

(이이봉친장) 不敢生驕易(불감생교역) 戰戰復兢兢(전전복긍긍) 造次必於是(조차필어시)

"너에게 녹을 구하기를 배우는 것 경계하노니, 도리와 재주를 부지런히 익히는 것이 제일이다. 일찍이 모든 격언을 들어 보아도 배워서 넉넉함이 있으면 자연히 벼슬하는 것이다. 남이 알지 못하는 것을 걱정하지 말고 오직 자기 학문을 다하지 못한 것을 근심하라."

戒爾學干祿(계이학간록) 莫若勤道藝(막약근도예) 嘗聞諸格言(상문제격언) 學而優則仕(학이우즉사) 不患人不知(불환인부지) 惟患學不至(유환학부지)

"너에게 치욕을 멀리할 것을 경계하노니, 공손하면 자연 예에 가까운 것이니라. 자기 몸을 낮추고 남을 존경하며, 저 사람 먼저 하고 내 몸 뒤에 하라. 상서편(相鼠篇)과 모치(茅鴟) 두 시 속에 사람 풍자한 뜻 거울삼아 볼지어다."

戒爾遠恥辱(계이원치욕) 恭則近乎禮(공즉근호예) 自卑而尊人(자비이존인) 先彼而後己(선피이후기) 相鼠與茅鴟(상사여모치) 宜鑑詩人刺(의감시인자)

"너에게 방탕하지 말 것을 경계하노니, 방탕하면 그것은 단아한 선비 아니니라. 주공(周公)과 공자의 가르침이 있거늘 제나라, 양나라가 맑은 의논이라 숭상했네. 남조(南朝)에서 이들을 팔달(八達)이라 일컬어 천 년 동안 청사(靑史)를 더럽혀 왔도다."

戒爾勿放曠(계이물방광) 放曠非端士(방광비단사) 周孔垂名敎(주공수명교) 齊梁尙淸議(제양상청의) 南朝稱八達(남조칭팔달) 千載穢靑史(천재예청사)

"너에게 술 마시기 즐겨 하지 말 것을 경계하노니, 그것은 미치는 약일 뿐, 맛있는 음식 아니니라. 삼가고 후한 성품 옮겨다가 도리어 흉하고 험한 것으로 만들어 놓느니라. 고금에 술 마시다가 패망한 자, 역력히 모두 들어 기록할 수 있도다."

戒爾勿嗜酒(계이물기주) 狂藥非佳味(광약비가미) 能移謹厚性(능이근후성) 化爲凶險類(화위흉험류) 古今傾敗者(고금경패자) 歷歷皆可記(역력개가기)

"너에게 말 많이 하지 말 것 경계하노니, 말 많으면 여러 사람들 모두 꺼리느니라. 진실로 이 말 삼가지 않으면, 모든 재액 여기서 생겨나느니라. 남을 옳으니 그르니 칭찬하고 헐뜯는 사이에 이 모두 몸의 누가 되는 것이니라."

戒爾勿多言(계이물다언) 多言衆所忌(다언중소기) 苟不愼樞機
(구불신추기) 災厄從此始(재액종차시) 是非毀譽間(시비훼예간)
適足爲身累(적족위신루)

"온 세상에 사귀고 노는 것 소중히 여겨 금란(金蘭)의 계(契)[2]
를 맺었다고 생각하는구나. 분노하고 원망하는 것 쉽게 생겨서
바람과 물결이 그 즉시 일어나는 것이니라. 그러므로 군자의 마
음씨는 깊고 넓어 맑기가 물과 같도다."

擧世重交游(거세중교유) 擬結金蘭契(의결금란계) 忿怨容易
生(분원용이생) 風波當時起(풍파당시기) 所以君子心(소이군자심)
汪汪淡如水(왕왕담여수)

"온 세상에서 자기 몸 받들기 좋아해서, 꼿꼿이 서서 제 의기
더하는구나. 이렇게 제 몸 받드는 자들, 남들이 희롱하고 비웃는
줄 알지 못하는도다. 그러므로 옛사람들이 미워하는 바는, 너무
뻣뻣하고 너무 고분고분한 것이니라."

擧世好承奉(거세호승봉) 昂昂增意氣(앙앙증의기) 不知承奉
者(부지승봉자) 以爾爲玩戲(이이위완희) 所以古人疾(소이고인질)

---

2 친구 사이의 매우 두터운 정을 이르는 말

簅簎如戚施(거저여척시)

"온 세상 유협을 중히 여겨, 세속 사람들은 이를 기운 있고 의리 있다 하니라. 남의 급하고 어려운 일에 급히 뛰어 들어가 왕왕 잡아 갇히기도 일쑤이니라. 그러므로 옛날 마원(馬援)의 글에도 은근히 여러 아들 경계한 구절 있도다."

舉世重游俠(거세중유협) 俗呼爲氣義(속호위기의) 爲人赴急難(위인부급난) 往往陷囚繫(왕왕함수계) 所以馬援書(소이마원서) 殷勤戒諸子(은근계제자)

"온 세상 맑고 검소한 것 천하게 여겨, 자기 몸 화려하고 사치스럽게 받드는구나. 살찐 말에 가벼운 옷 입혀, 기운 좋게 동네로 지나가는 것 보면, 비록 어린이들은 부러워할지 몰라도 도리어 아는 사람은 비루하게 여기는도다."

舉言賤淸素(거언천청소) 奉身好華侈(봉신호화사) 肥馬衣輕裘(비마의경구) 揚揚過閭里(양양과여리) 雖得市童憐(수득시동린) 還爲識者鄙(환위식자비)

"나는 본래 떠돌던 신하의 몸, 다행히 요순의 잘 다스림을 만나 지위는 높고 재주는 없으니 두려워하여 조심하는 마음 가졌네. 깊은 연못이나 얇은 얼음 위는 밟을 때마다 빠질까 두려워하는도다. 너희들 마땅히 나를 민망히 여겨 나로 하여금 더 큰 죄 짓지 않도록 하라. 문을 닫아매어 자취를 거두고, 머리 움츠리고 명예와 세력을 피하라. 세력과 지위는 오래 보존키 어려운 것, 필경에는 남에게로 가고 머물지 않느니."

我本羇旅臣(아본기려신) 遭逢堯舜理(조봉요순리) 位重才不充(위중재불충) 戚戚懷憂畏(척척회우외) 深淵與薄冰(심연여박빙) 蹈之唯恐墮(도지유공타) 爾曹當憫我(이조당민아) 勿使增罪戾(물사증죄루) 閉門斂蹤跡(폐문감종적) 縮首避名勢(축수피명세) 勢位難久居(세위난구거) 畢竟何足侍(필경하족시)

"만물은 성하면 반드시 쇠하고, 흥하면 또다시 패하는 날 오게 마련이다. 속히 이루어진 것 견고하지 못하고, 급히 달아나면 자빠지기 쉬운 법이다. 아름다운 저 동산 속 꽃도 일찍 핀 것 먼저 시들어 버리네. 느릿느릿 자라는 시냇가 소나무, 무성하고 씩씩하여 푸른빛 늦도록 간직하네. 타고난 운명은 빠르고 더딘 것 있으니, 높은 벼슬 힘으로 되기 어렵네. 이 말을 여러 아이들에게 주노니 조급히 나아가려는 것 헛일이니라."

物盛則必衰(물성즉필쇠) 有隆還有替(유륭환유체) 速成不堅牢(속성불견뢰) 亟走多顚躓(극주다전질) 灼灼園中花(작작원중화) 早發還先萎(조발환선위) 遲遲澗畔松(지지간반송) 鬱鬱含晚翠(울울함만취) 賦命則疾徐(부명즉질서) 靑雲難力致(청운난력치) 寄語謝諸卽(기어사제즉) 躁進徒爲耳(조진도위이)

당나라 유공작(柳公綽)의 아들 유빈(柳玭)이 그 아들을 경계한 글 한 편만 더 소개한다. 그는 이 자제를 경계하는 글의 서두에 이렇게 말했다.

"이름을 더럽히고 자기 몸에 재앙이 돌아오며 조상을 욕뵈고 제 집을 망치는 것 중에 가장 큰 것이 다섯 가지가 있으니, 너희들은 마땅히 깊이 기억해서 실천하도록 하라."

그러고 나서 다음과 같은 글을 지어 주었다.

"첫째, 스스로 편안한 것을 구하며 맑고 담담한 것을 좋게 여기지 않아서, 구차스럽게 자기 몸을 이롭게 하는 것은 남의 말을 듣지 않는 탓이다."

自求安逸(자구안일) 靡甘澹泊(미감담박) 苟利於己(구리어기) 不恤人言(불휼인언)

"둘째, 선비의 일을 알지 못하며, 옛 도리를 즐겨 하지 않아서 옛 경서(經書)를 알지 못하는 것을 부끄럽게 여기지 않고, 당시 세상일을 의논하면서 오히려 웃음을 보이며, 그 몸이 이미 아는 것이 적으면서 남이 배운 것 있음을 미워한다."

不知儒術(부지유술) 不悅古道(불열고도) 憎前經而不恥(증전경이불치) 論當世而解頤(논당세이해이) 身旣寡知(신기과지) 惡人有學(악인유학)

"셋째, 나보다 나은 자를 미워하고, 나에게 아첨하는 자를 좋아해서 오직 장난의 말을 즐기고, 옛 도리는 생각하지 않는다. 남이 잘했다는 말을 들으면 이것을 질투하고, 남이 잘못한 일이 있다면 그것을 선전한다. 옳지 못하고 간사한 데 빠져서 덕과 의리를 깎아 없애면 집에 의관을 두어둔들 종노릇 하는 사람과 무엇이 다르겠는가?"

勝己者厭之(승기자염지) 佞己者悅之(영기자열지) 唯樂戲談(유락희담) 莫思古道(막사고도) 聞人之善嫉之(문인지선질지) 聞人之惡揚之(문인지악양지) 浸漬頗僻(침적파벽) 銷刻德義(소각덕의) 簪裾徒在(잠거도재) 廝養何殊(시양하수)

"넷째, 밤낮으로 노는 것만 숭상하고 좋아하며, 술 마시기를 좋아해서 술잔 드는 것을 가장 높은 운치로 알고, 부지런히 일하는 것은 속된 일로 알아서, 이것이 습관이 되면 거칠어지기 쉬우니 뒤늦게 깨달아도 이미 뉘우치기 어려우니라."

崇好優遊(숭호우유) 耽嗜麴糵(탐기국얼) 以啣盃(이함배) 爲高致(위고치) 以勤事(이근사) 爲俗流(위속류) 習之易荒(습지이황) 覺已難悔(각이난회)

"다섯째, 명예와 벼슬에 급급해서 권세 있고 높은 벼슬하는 자와 가까이해서, 한 지위나 반 계급을 혹시 얻어 하더라도 이것은 여러 사람이 노여워하고 시기해서 오래 유지하는 자가 드무니라."

急於名宦(급어명환) 匿近權要(익근권요) 一資半級(일자반급) 雖或得之(수혹득지) 衆怒群猜(중노군시) 鮮有存者(선유존자)

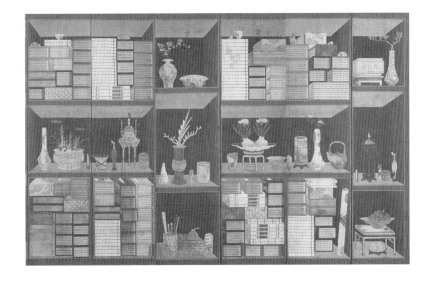

출입의(出入儀)

집 밖에 나갈 때는 반드시 사당에 고해야 한다. 만일 가까운 곳에 나갈 때는 대문 안에 들어가서 우러러보고 예를 하고서 간다. 또 돌아와서도 역시 이와 마찬가지로 한다. 만일 자고 올 곳에 갈 때는 향을 피우고 두 번 절하고 가며, 돌아와서도 역시 이와 마찬가지로 한다. 또 멀리 나가서 열흘이 지나서 돌아올 곳에 갈 때는 중문(中門)을 열고 두 번 절한 다음 마루에 올라가서 향을 피우고 "아무개는 장차 아무 곳에 가겠기에 감히 고하나이다."라고 하고, 또다시 두 번 절하고 간다. 돌아와서도 이와 마찬가지로 한다. 다만 돌아왔을 때는 "아무개는 아무 곳으로부터 돌아왔기에 감히 뵙습니다."라고 한다. 큰아들이 아닌 다른 집에 사는 아들들이 가까운 곳에 출입할 때는 가서 절하고 뵈올 필요는 없다. 그러나 먼 곳에 갈 때는 사당에 나아가서 절하고 뵙기를 위에 쓴 대로 한다. 다만 중문은 열지 않는다(주인 이외의 사람들은 누구라도 중문을 열지 않는다).

사당 동쪽 섬돌을 조계(阼階)라고 한다. 이 조계는 오직 주인(즉 제사를 주관하는 사람)만이 오르내릴 때 경유한다. 주인의 아내와 그 밖의 다른 사람들은 비록 나이가 많더라도 모두 반드시 서쪽 섬돌을 경유한다.

참례의(參禮儀)

정월 초하루, 동지, 매달 초하루, 보름에는 사당에 가서 뵙는다.
이것을 참례(參禮)라고 한다. 이 참례를 하루 앞둔 전날에는 사
당에 물을 뿌리고 쓸며, 또 참례에 나아갈 사람들은 모두 재숙
(齋宿)¹한다. 날이 밝으면 일찍 일어나서 사당문을 열고 향안(香
案)² 앞에 모사(茅沙)³를 설치한다.

  그리고 각각의 위마다 음식을 차려다 놓는다(포와 과실은 편의
대로 무엇을 쓰든지 선택해서 한다. 혹은 떡을 쓰는 것도 좋다. 그러나
정월 초하룻날과 동짓날에는 따로 몇 가지 음식을 더 장만한다. 동짓날

---

1   재계하면서 하룻밤을 지내는 것
2   향로나 향합(香盒)을 올려놓은 상
3   제사 지낼 때 쓰는 그릇에 담은 띠[茅] 묶음과 모래

에는 또 팥죽을 곁들여 쓴다. 만일 동지에 시제를 지내면 이 참례는 행하지 않는다).

이렇게 하고 나서 주인과 그 이하 사람들은 모두 성복(盛服)[4]을 하고〔단령(團領)[5]이나 붉은 직령(直領)[6]을 입는 것도 좋다〕문에 들어가 제자리에 나아간다.

주인은 손을 씻고 올라가서 독(櫝)[7]을 연다(장차 독을 열 때는 반드시 먼저 부복했다가 일어난다). 그리고 모든 고위(考位)[8] 신주를 받들고 나와서 독 앞에 모신다. 다음으로 주부(主婦)도 역시 손을 씻고 올라가서 모든 비위(妣位)[9]의 신주를 받들고 나와서 고위의 동쪽에 모신다〔만일 부주(祔主)[10]가 있을 때는 나누어 내다가 전과 같이 한다. 만일 부주가 손아래일 때는 큰아들이나 큰며느리, 또는 큰딸을 명해서 나누어 내온다〕.

이런 절차가 끝나면 주부는 먼저 자리로 내려간다. 이에 주인이 향탁(香卓)[11] 앞에 나아가서 향을 피우고 두 번 절한 다음 조

---

4 훌륭하게 차려입은 옷
5 깃을 둥글게 만든 공복. 검정·빨강·흰색·자주색의 구별이 있다.
6 깃이 곧게 된 것으로 무관의 웃옷 중 한 가지
7 신주를 모셔두는 궤
8 돌아가신 아버지와 각대 할아버지의 신위
9 고위의 반대. 돌아가신 어머니와 각대 할머니의 신위
10 옆에 붙여 모신 신주

금 물러 나와 선다. 이때 집사자(執事者)[12] 한 사람이 술을 받들고 나아가서 주인의 오른쪽에서 따른다. 한쪽 집사자는 술잔을 올려놓은 반(盤)을 들고 주인의 왼쪽으로 나아간다. 주인이 꿇어앉으면 집사자도 모두 꿇어앉는다. 주인이 잔을 받아서 다시 따른 다음 도로 반 왼쪽에 놓는다. 이것을 다시 갖다가 모사(茅沙) 위에 따르고(술을 모사 위에 기울인다). 빈 잔을 반에 올려놓아 집사자에게 준다(이때 집사자는 모두 물러간다).

주인은 이런 절차가 끝나면 엎드렸다가 일어나서 조금 물러가 두 번 절하고 강신(降神)[13]한 다음, 내려가서 먼저 자리에 선다. 이때 모든 사람과 함께 두 번 절하여 참신(參神)[14] 한다. 다시 주인이 올라가서 술을 가지고 여러 신위 앞에 있는 술잔에 따른다(이때 각 신위 앞에는 먼저 빈 잔을 늘어놓는다).

이것이 끝나면 향탁 앞에 서서 두 번 절하고 내려와 제자리로 가서 모든 사람과 모두 두 번 절하여 사신(辭神)[15]하고 물러간다(상고하건대 『가례』에 보면 보름날에는 신주를 내모시지 않고 다만 차

---

11 향안(香案)과 같다.

12 여기서는 제사를 주관하여 실제로 다루는 사람

13 제사 때 신이 내리게 한다는 뜻으로 향을 피우고 술을 모사 위에 붓는 것

14 신주에 참배하는 것

15 신을 작별해 보내는 것

를 올린다 했는데 지금 우리나라 풍속에는 차를 올리는 예는 없다. 그러니 보름날에는 신주를 내모시지 않고 다만 독만 열어 놓고 술도 올리지 말고, 오직 향만 피워서 차이가 있게 해야 할 것이다).

천헌의(薦獻儀)

속절(俗節)(즉 정월 보름·3월 3일·5월 5일·6월 보름·7월 7일·8월 보름·9월 9일·섣달그믐)에는 시식(時食)[1]을 바쳐서 (시식이란 약식[2]·쑥떡·수단[3] 같은 종류를 말한다. 그 당시의 풍속에 시식이 없을 때는 마땅히 떡과 과실 두어 가지를 마련해 바친다) 마치 삭참(朔參)[4]의 절차와 같이 한다.

새로운 음식이 있을 때는 천신(薦神)한다(이것은 초하루·보름이나 또는 속절에 모두 시행한다). 만일 오곡(五穀)[5]을 가지고 밥을 지

---

1 그때그때 나오는 철음식

2 약밥

3 쌀·보리의 가루를 익혀 둥글게 만들어 조청에 담가 먹는 음식

4 초하룻날 사당에 참배하는 예

을 만한 것이 있으면 거기에 모두 반찬 두어 가지를 구비해서 함께 예를 베풀기를 삭참의 절차와 같이 한다(비록 보름날이라도 또한 신주를 모셔 내놓고 술을 따른다).

생선과 과실, 그리고 콩·밀 따위 같은 밥을 짓지 못할 곡식들은 새벽에 사당에 참배할 때 독을 열고 단헌(單獻)⁶으로 향을 피우고 두 번 절한다(단헌으로 올릴 때 바치는 음식은 음식이 있는 대로 곧 천신하고 꼭 초하루나 보름, 또는 속절을 기다리지 않는다). 모든 새로운 음식은 천신하기 전에는 먼저 먹지 못한다(만일 타향에 가서 살면 반드시 이렇게 하지는 않는다).

---

5   다섯 가지 곡식. 쌀·수수·보리·조·콩. 또는 중요한 곡식의 총칭
6   제사 때 술잔을 세 번 올릴 것을 한 번에 그치는 것

고사의(告事儀)

무슨 일이 있을 때는 사당에 고하기를 삭참의 절차와 같이 한다. 먼저 술을 올리고 두 번 절하고 나서 주인은 향탁 남쪽에 선다. 이때 축관이 축판(祝板)을 잡고 주인의 왼쪽에 꿇어앉아서 축문을 읽는다. 읽기를 마치고 일어나면 주인은 두 번 절하고 내려와 자기 자리로 가서 사신(辭神)한다.

고사하는 축(祝)은 삼 대를 모두 한 판에 쓴다. 그리고 그중에 가장 높은 자가 주장이 된다. 벼슬을 제수받았으면 그 축사(祝詞)[1]에 말한다 "아무 해 아무 갑(甲)[2] 아무 달 아무 삭 아무 날 아

---

1 제사 때 신명께 고하는 글
2 간지(干支)를 말한다. 즉 그해 그달 그날의 간지

무 갑에 효증손(孝曾孫) 아무 벼슬 아무는 감히 증조고(曾祖考) 아무 벼슬, 증조비 아무 봉(封)³ 아무 씨와 조고(祖考) 아무 벼슬, 조비 아무 봉 아무 씨와 아버님 아무 벼슬, 어머니 아무 봉 아무 씨에게 감히 고하나이다. 아무는 아무 달 아무 날에 임금의 은혜를 입어 아무 벼슬을 제수받았고 조상 어른들이 주신 교훈을 받들어 계승하여 봉급과 지위를 얻었사오니 저희 집 남은 경사가 여기에 미친 것이옵니다. 감격하고 사모하는 정을 이기지 못하여 술과 과실을 가지고 여기에 삼가 고하나이다." 또 만일 벼슬이 깎였으면 고한다. "아무 벼슬을 깎여 조상의 남기신 교훈을 거칠게 하고 땅에 떨어뜨렸사오니 황공하기 그지없나이다." 과거에 급제했을 때도 고한다. "은혜를 입어 아무 과거에 아무 제(第)로 급제했고 선조의 남기신 교훈을 받들어 출신(出身)⁴함을 얻었나이다." 생원이나 진사에 합격했을 때도 고한다. "은혜를 입어 생원(또는 진사)에 입격하여 조상의 남기신 교훈을 받들어 국상(國庠)⁵에 올라가게 되었사옵니다." 또 서자손의 일에도 주인이 역시 고하는데 그 축사는 이렇다. "개자(介子)⁶ 아무, 또

---

3 공인(恭人)·숙인(淑人)·정부인(貞夫人)·정경부인(貞敬夫人) 등의 칭호

4 출세

5 태학(太學)

6 서자

는 개자 아무의 아들 아무는(때에 따라 임의로 또는 변칭한다)….”
축사를 다 읽고 나면 본인(당사자)이 두 섬돌 사이로 나아가서 두
번 절하고 (이 사람이 절할 때 주인은 서쪽을 향해 선다) 내려와 자기
자리에 와서 거기 있는 자들과 함께 사신한다.

　대체로 신주를 다른 자리로 옮겨 모시거나 도로 그전 자리로
모시거나, 또는 혹 다른 집으로 옮겨 모실 때는 모두 삭참의 행
사와 같이 한다. 그러나 만일 사당 안에 배치하는 그릇이나 까는
자리를 고치거나 또는 잠시 비가 새는 곳을 수리할 일이 있을 때
신주를 옮기지 않고 그대로 일하게 되면 고제(告祭)를 올리는데
망참(望參)의 절차와 같이 한다(그 고사는 그때그때 임시로 지어서
읽는다).

　주인이 큰아들을 낳았을 때는 한 달이 찬 뒤에 위에 말한 절차
대로 하고 축문은 읽지 않는다. 다만 주인이 향탁 앞에 서서 고
한다. “아무의 부인인 아무 씨가 아무 달 아무 날에 아들을 낳았
는데 이름은 아무라 하였기에 감히 뵙나이다.” 고하기를 마치고
나면 향탁 동남쪽에 서서 서쪽을 향한다. 이때 주부는 아들을 안
고 나아가서 두 뜰 사이에 서서 두 번 절한다. 그런 뒤에 주인은
내려가서 자리로 간 다음 사신한다.

시제의(時祭儀)

시제(時祭)는 춘분·하지·추분·동지에 지낸다(시제를 지낼 때는 사흘 전에 사당에 고한다. 만일 그날 연고가 있으면 사흘을 연기해서 새로 날짜를 정하고 그 사유를 사당에 고한다). 혹은 『가례』에 따라 한 달 전으로 날짜를 선택하여 중월(仲月)로 정한다. 만일 연고가 있어 날짜를 미리 정할 수가 없겠으면 다만 중월로만 하여 혹 정일(丁日)[1]이나 혹 해일(亥日)[2]로 가려 정한다. 그리고 사흘 전에 사당에 고하는 것은 마찬가지다. 사당에 고하기 전에는 역시 나흘 전에 산재(散齋)를 한다. 사당에 고하는 예는 이러하다. 주인 이하

---

1   일진(日辰)이 정(丁)에 해당하는 날
2   일진이 해(亥)에 해당하는 날

모두 당에 가서 북향하고 차례로 선다(이것은 삭망³ 때 뵙는 것과 절차가 같다). 그리고 모두 두 번 절한다. 주인이 올라가 향을 피우고 절하면 축관이 축사를 가지고 주인 왼쪽에 꿇어앉아 다음과 같이 읽는다.

"효증손⁴ 아무는 장차 아무 달 아무 날에 증조고·증조비·조고·조비·고·비께 제사를 올리기에 감히 고하나이다." 읽기를 마치면 주인은 두 번 절하고 내려와서 자기 자리로 돌아와 여러 사람과 함께 두 번 절하고 물러간다. 이날부터 목욕하고 새 옷을 갈아입고 재계한다. 이때 주인은 여러 남자들을 데리고 밖에서 재계하고 주부는 역시 여러 여자들을 데리고 안에서 재계한다.

시제를 하루 앞두고 주인은 여러 남자들과 집사를 데리고 정침(正寢)⁵에 물 뿌리고 쓴다. 의자와 탁자 같은 것을 걸레로 닦아 모두 정결하게 하기에 애쓴다. 증조고와 증조비의 신위는 마루 서북쪽 벽 밑에 남향으로 모시는데 고위(考位)는 서쪽으로, 비위(妣位)는 동쪽으로 해서 각각 의자 하나에 탁자 하나씩을 써서 합쳐 모신다(탁자가 만일 적으면 두세 분을 한데 합치는 것도 무방하다).

---

3 삭(朔)은 매달 초하룻날. 망(望)은 보름날

4 여기서 효라고 쓰는 것은 큰아들, 큰자손이라는 뜻이다.

5 제사 지내는 방. 또 임금이 거처하는 방도 이렇게 부른다.

다음으로 조고·조비와 고·비를 차례로 동쪽으로 하되 모두 증조의 신위와 같이 해서 대마다 한 자리씩을 만들고 다른 분을 여기에 붙이지는 않는다(부위를 모시는 것은 모두 동쪽으로부터 차례로 서쪽을 향하고 북쪽으로 모신다. 혹 두 분의 차서가 서로 마주 보게 될 때는 높은 분을 서쪽으로 모신다. 자기 아내 이하 사람은 계단 아래로 모신다).

　마루 가운데 향안을 설치하고 향로와 향합을 그 위에 올려놓는다(향로는 서쪽에 향합은 동쪽에 놓는다). 동쪽에 있는 띠를 모래 위에 모아서 향안 앞에 놓고 신위 앞마다 술을 마련해 놓는다. 동쪽 섬돌 위에 시렁을 매고 그 위에 따라 탁자를 마련한다. 그리고 술병 하나, 잔반(盞盤) 하나, 적틀 하나, 숟가락 하나, 수건 하나를 놓는다. 또 서쪽 섬돌 위에 탁자를 놓고 축판을 그 위에 마련해 놓는다. 세수 그릇과 수건 각각 두 개를 조계 아래 동쪽에 놓아둔다. 그 서쪽에는 시렁이 있다(시렁이란 주인의 친속이 세수하는 것이고, 만일 친속이 없으면 집사가 세수한다).

　한편 주부는 여러 부녀들을 데리고 제기를 씻고 솥을 깨끗이 씻어서 제사 음식을 장만한다. 신위 한 분에 과실 다섯 가지와 (가난해서 다섯 가지를 다 마련하지 못하겠으면 세 가지라도 좋다) 포 한 접시(이것은 흔히 자반이라고 한다), 익은 나물 한 접시, 식해 한 그릇, 김치 한 그릇, 간장 한 종지, 초나물 한 접시, 생선과 고기

각각 한 접시(생선과 고기는 마땅히 신선한 것으로 한다), 떡 한 접시, 국수 한 대접, 국 한 그릇, 밥 한 주발, 탕 다섯 가지(이 다섯 가지는 생선과 고기, 혹은 나물과 그 밖의 것으로 때에 따라 마련한다. 이 것도 가난해서 마련하기 어려우면 세 가지도 좋다), 구운 고기 세 가지를 쓴다(이것은 간이나 고기, 생선 또는 꿩 같은 것으로 한다). 이런 음식들은 모두 깨끗이 마련하도록 힘쓰고, 제사를 지내기 전에는 먼저 먹지 못하며 고양이나 개·벌레·쥐 등에게 더럽혀서도 안 된다(여기서 이른바 신위마다 따로 한다는 것은 고위와 비위 각 분을 말하는 것이다. 지금 사람들은 혹 고위와 비위를 한 상에 마련하는 일이 있으나 이것은 미안한 일이다).

이런 절차가 끝난 다음, 당일이 밝기 전에(이것은 제사 지내는 날을 말한다) 닭이 울자마자 곧 일어나서 주인 이하가 모두 깨끗한 옷을 입는다(새로 빤 직령). 이들은 모두 제사 지내는 곳으로 나아가서 손을 씻고 과실 접시를 신위 순서대로 그 탁자 남쪽 끝에 놓는다. 다음으로 포·나물·간장·식해·김치 등 접시를 그 북쪽에 늘어놓는다. 또 잔반·시접·초나물을 탁자 북쪽 끝에 늘어놓는다. 이때 잔반은 가운데 놓고 시접은 서쪽에 놓고 초나물은 동쪽에 놓는다. 또 현주병(玄酒甁)**6**과 (현주란 정화수**7**를 말한다) 술병 하나씩을 각각 시렁 위에 마련한다(현주는 서쪽에, 술병은 동쪽에 둔다).

이런 절차가 끝나면 주인 이하 모든 사람은 성복 (벼슬을 지낸 사람은 사모[8]에 단령을 입고 품대를 띤다. 벼슬이 없는 사람은 단령에 실띠를 띤다. 부인은 저고리와 치마를 모두 극히 고운 옷으로 입는다) 차림으로 사당 앞에 나아가서 차례대로 선다. 자리가 정해지면 주인이 동쪽 섬돌로 해서 올라가 향을 피우고 꿇어앉아 고한다. "효증손 아무는 이제 중춘 달(여름·가을·겨울 등 때에 따라서 달리 쓴다)에 증조고 아무 벼슬 부군, 증조비 아무 봉 아무 씨, 조고 아무 벼슬 부군, 조비 아무 봉 아무 씨, 고 아무 벼슬 부군, 비 아무 봉 아무 씨께 일이 있사와 (만일 부위가 있을 때는 말하기를, 아무 어버이 아무 벼슬 부군, 아무 어버이 아무 봉 아무 씨 부식이라고 한다) 감히 신주를 정침(正寢)으로 모실 것을 공손히 받들어 청하옵나이다."

고하기를 마치면 독을 받들어 집사자에게 주어 이를 받들게 하고 주인이 앞에 서서 인도하면 주부가 그 뒤를 따르고 여러 자제들이 차례로 그 뒤를 따른다. 정침에 이르면 서쪽 계단 탁자 위에 놓는다. 이때 주인이 독을 열고 (대체로 독을 열고 신주를 모

6　물의 별칭. 물의 빛이 검게 보이므로 현(玄)이라 하며, 태고에는 술이 없어 제사 때 술 대신 물을 썼기 때문에 제사나 의식 때는 그렇게 일컫는다.

7　이른 새벽에 길은 우물물. 정성을 드리는 일이나 약을 달이는 물로 쓰인다.

8　사(紗)로 만든 모자. 옛날 관복을 입을 때 썼다. 오사모(烏紗帽)라고도 한다.

실 때는 모두 부복했다가 일어난 뒤에 신주를 모신다) 여러 고위의 신주를 모시고 나와 자리에 나아간다. 계속하여 주부가 손을 씻고 올라가서 여러 비위의 신주를 모시고 위와 같은 절차대로 행한다(만일 부위가 있을 때는 자제들이 받들고 나와서 자리로 나아간다).

이런 절차가 모두 끝나면 모두 내려가서 자기 자리에 선다(만일 시제를 사당에서 지낼 때는 신주를 모시고 자리로 나아가는 절차는 없고 다만 사당에 나아가서 각 신위 앞에 음식을 차려놓고 위에 쓴 절차대로 한다. 그러나 먼저 강신한 뒤에 참신한다). 주인과 모든 사람은 두 번 절하고 참신한다(만일 어른이 병이 있어서 제사에 참석하지 못할 때는 참신만 하고 나서 다른 곳에 가서 쉰다). 이어 강신한 다음, 주인이 올라가서 향을 피우고 두 번 절하고 나서 조금 물러나 선다.

이때 집사자 한 사람이 술병을 열고 수건을 가지고 병 입을 닦으면 다른 집사자 한 사람이 동쪽 섬돌 위에서 잔반을 가지고 주인 왼쪽에 선다. 한 사람이 술병을 잡고 주인의 오른쪽에 서면 주인은 꿇어앉는다. 집사자가 역시 꿇어앉아 잔반을 바치면 주인이 이것을 받는다. 술을 따르는 사람이 역시 꿇어앉아 잔에 술을 따르면 주인이 이것을 받들어 왼손으로 반을 잡고 오른손으로는 잔을 잡아 모사(茅沙) 위에 붓는다(이때 술은 모사에 모두 따라 붓는다). 그리고 나서 잔을 집사자에게 주고 엎드렸다가 일어나서 두 번 절하고 내려와 자기 자리로 간다.

이어 집사자가 음식을 올린다. 주인이 올라가면 주부는 그 뒤를 따른다. 집사자 한 사람은 반 위에 생선과 고기를 받들고 한 사람은 반 위에 떡과 국수를 그리고 또 한 사람은 반 위에 국과 밥을 받들고 그 뒤를 따라 올라간다. 증조의 신위 앞에 이르러 주인은 고기를 받들어 잔반 서남쪽에 올리고, 주부는 국수를 받들어 고기의 서쪽에 올려놓는다. 주인은 다시 생선을 받들어 잔반 동남쪽에 올리고, 주부는 떡을 받들어 생선 있는 동쪽에 올려놓는다. 또 주인은 국을 받들어 잔반 동쪽에 올리고, 주부는 밥을 받들어 잔반 서쪽에 올려놓는다. 이 밖의 모든 신위도 모두 이와 같은 절차대로 한다(만일 부위가 있는 때는 여러 자제들이나 며느리·딸을 시켜서 이렇게 하게 한다). 다음으로 여러 자제들이 탕을 각 신위 앞에 갖다 올린다. 이런 절차가 모두 끝나면 주인 이하는 모두 내려와 자기 자리로 간다.

이에 초헌(初獻)[9]의 예를 행한다. 먼저 주인이 올라가서 증조의 신위 앞에 나아가 뵙는다. 이때 집사자 한 사람이 술을 가지고 주인의 오른쪽에 선다(겨울이면 미리 술을 데운다). 주인이 증조

---

9 제사 때 첫 번째로 술을 바치는 것. 첫 번째를 초헌, 두 번째를 아헌, 세 번째를 종헌이라 한다.

고의 잔반 앞에 동향해서 서면 집사자가 서향으로 서서 잔에 술을 따른다. 주인이 이 술잔을 받들어 먼저 증조고 신위 앞에 바친다. 다음으로 증조비의 잔반에도 이와 같이 한다. 다음으로 증조의 신위 앞에 북향하고 서면 집사자 두 사람이 각각 증조고와 증조비의 잔반을 받들고 주인의 좌우에 선다. 이때 주인이 꿇어앉으면 집사자도 역시 꿇어앉는다. 주인이 먼저 증조고의 잔반을 받들어 오른손으로 잔을 잡고 모사 위에 제(祭)[10]한다(이때 술을 조금 기울인다). 그러고 나서 잔을 집사자에 주어 먼저 자리에 올리게 한다. 다음은 증조비의 잔반을 받아 역시 먼저 절차대로 한다. 이 절차가 끝나면 엎드렸다가 일어나서 조금 물러나와 선다. 이때 집사자가 구운 간을 올린다(간은 임시해서 바로 화로에 굽는다). 그러면 형제 중에 제일 어른 한 사람이 이 간을 받들어 증조고와 증조비의 잔반 남쪽에 올린다. 다음으로 축관이 축판을 가지고 주인의 왼쪽에 섰다가 꿇어앉아 축문을 읽는다. 그 축문은 이러하다.

"유세차(維歲次) 아무 해 아무 갑 아무 달 아무 삭(朔) 아무 날 아무 갑(甲)에 효증손 아무 벼슬 아무는 감히 현증조고(顯曾祖考) 아무 벼슬 부군과 현증조비 아무 봉 아무 씨께 고하나이다. 일기

---

10 여기서 제(祭)라고 하는 것은 술을 조금 따르는 것을 말한다.

와 절후가 흐르고 바뀌어 지금 중춘이 되었사오니 (여름·가을·겨울 등 그 때에 따라 달리 쓴다) 추모해 생각하옵건대 길이 사모함을 이길 수 없나이다. 감히 맑은 술잔과 몇 가지 음식으로 다만 한 절후의 정성을 바치오니 흠향하시옵소서."(부위가 있을 때는 '아무 어버이 아무 벼슬 부군, 아무 어버이 아무 봉 아무 씨 부식'이라고 함) 읽기를 마치면 주인은 일어나서 두 번 절하고 물러난다.

다음으로 다른 신위에 나아가서도 이와 마찬가지로 한다(부위가 있을 때는 신위마다 축문을 읽은 다음에 주인의 형제나 아들 중에서 아헌·종헌을 하지 않은 자를 시켜 차례로 부위 앞에 나아가 잔을 올리게 하되 그 절차는 모두 위에 말한 것과 같이 한다. 다만 부위에는 축문은 없다). 조고에게 쓰는 축은, "…효손 아무 감소고우 현조고…(…孝孫某戡昭告于 懸祖考…)"라 쓰고, 고에게 쓰는 축은, "…효자 아무 감소고우 현고…(…孝子某戡昭告于 懸考…)"라 한다. 또 고에게 쓰는 축문에는 "길이 사모하는 마음을 이기지 못하나이다(不勝永慕)"를 고쳐서 "하늘과 같이 끝이 없나이다(昊天罔極)."[11]라고 한다. 이런 절차가 모두 끝나면 사람은 모두 내려가 자기 자리에 선다. 이때 집사자는 다른 그릇에 술과 간을 거두고 술잔을 제자리에 도로 갖다 놓는다.

---

11 끝이 없는 하늘과 같이 부모의 은혜가 크다는 것을 일컫는 말

다음으로 아헌(亞獻)의 예를 행한다. 아헌은 주부가 이를 행하고 모든 며느리나 딸들이 집사자가 된다. 이때 집사자가 구운 고기를 받들고 와서 바치는 절차는 초헌 때와 같다. 다만 다른 것은 이때는 술을 제(祭)하지 않고 또 축문을 읽지 않는다(주부가 연고가 있으면 숙부나 형제 중에 제일 높은 자가 대신 행하고 자제들이 집사자가 된다). 아헌의 절차가 끝나면 술잔과 구운 고기를 거두고 잔은 본래 있던 자리에 놓는다.

다음으로 종헌(終獻)의 예를 행한다. 종헌은 주인의 형제 중에 제일 어른이나 혹은 장자, 혹은 친근한 손 중에서 행한다. 이때 여러 자제들이 구운 고기를 받들고 와서 바치는 절차는 아헌 때의 절차와 같다.

종헌이 끝나면 유식(侑食)[12]을 한다. 주인이 먼저 올라가서 술을 가지고 여러 신위 앞에 놓인 술잔에 따라 잔을 채우고 향안 동남쪽에 서고, 주부가 올라가서 메 중간에 꽂았던 숟가락을 거두어 자루가 서쪽을 향하게 놓고 젓가락을 바로 놓은 다음 향안 서남쪽에 서서 모두 북쪽을 향하여 두 번 절하고 내려와 자기 자리로 돌아간다.

---

12 제사 지낼 때 신에게 음식을 권하는 것. 숟가락으로 밥을 떠서 물에 말아 주는 것으로 이를 대신한다.

이때 합문(闔門)¹³한다. 주인이 문 동쪽에 서서 서쪽으로 향하고 여러 남자들은 그 뒤에 선다. 주부는 또 문 서쪽에 서서 동쪽을 향하고 여러 여자들은 그 뒤에 선다. 만일 나이 많은 어른이 있으면 조금 다른 곳에서 쉬고 조금 후에 축문 읽는 소리가 세 번 나면 비로소 계문(啓門)¹⁴ 절차에 참여한다. 이때 주인 이하 모든 사람은 자기 자리로 돌아가고 나이 많은 어른으로서 다른 곳에 가서 쉬던 자도 모두 자기 자리로 간다. 이때 주인과 주부는 차[茶]를 받들어 (혹은 더운물로 대신하기도 한다) 고위와 비위 앞에 올리고 국그릇을 거두고 물러선다(부위가 있을 때는 여러 자제들과 여러 며느리·딸들을 시켜 올린다).

이 절차가 끝나면 조육(胙肉)¹⁵을 받는다. 먼저 집사자가 향안 앞에 자리를 만든다. 주인이 그 자리에 나아가서 북쪽을 향해 선다. 축관이 증조고의 신위 앞에 가서 잔반을 가지고 주인이 있는 오른쪽으로 간다. 이때 주인이 꿇어앉으면 축관도 역시 꿇어앉는다. 주인이 잔반을 받아 제사 지낸 술을 (조금 땅에 기울이고 나서) 입에 대어 맛본다(조금만 마신다). 그러면 축관이 숟가락과 접

---

13 문을 닫는다는 말. 제사 때 신위를 뒤로하고 잠시 돌아서 있는 것으로 이를 대신한다.

14 제사 지낼 때 유식한 다음 합문하고 신이 돌아갈 문을 열어 주는 것

15 제사 지낸 고기

시를 가지고 (이 숟가락과 접시는 먼저 작육을 받던 것이다) 여러 신위 앞에 올렸던 밥을 조금씩 떠다가 주인의 왼쪽에 갖다 놓는다. 이것을 가지고 축관이 주인에게 이렇게 축복한다. "조고는 이 축관에게 명하여 내 뜻을 받아 너희들 효손들에게 복이 많게 한다. 너희들 효손은 이리 오라. 내 너희들로 하여금 하늘에서 녹을 받고 마땅히 밭에 농사지어 길이 오랜 해를 잘 살게 하여 이것을 바꾸지 않게 하노라."

읽기를 마치면 주인은 자리 앞에 술을 놓고 엎드렸다가 일어나서 두 번 절한 다음 꿇어앉아 밥을 받아 맛본다. 이 밥을 왼쪽 옷소매에 넣어 그것을 새끼손가락에 걸고 술을 다 마신다. 이때 집사자가 잔을 받아 오른쪽으로부터 따르고, 그 옆에서 밥을 왼쪽으로부터 받되 전에 한 절차대로 한다. 이때 주인은 엎드렸다가 일어나서 동쪽 섬돌 위에 서쪽을 향해 서고, 축관은 서쪽 섬돌 위에 동쪽을 향해 서서 절차가 끝났음을 고하고 내려서 자기 자리로 간다. 모든 사람이 함께 두 번 절한다. 그러나 주인은 이때 절하지 않고 내려가서 자기 자리로 간다. 집사자가 올라가서 여러 신위의 밥그릇에 뚜껑을 덮고 자기 자리로 돌아온다.

여기에서 사신(辭神)한다. 주인 이하 모든 사람이 모두 두 번 절한다(늙었거나 병이 있어서 예를 행하지 못해 다른 곳에서 쉬고 있던 자들도 역시 조육을 받은 뒤에 들어와서 자기 자리로 가서 사신한다).

주인과 주부가 올라가서 각각 신주를 받들어 독 안에 모신다(신주를 받들어 독에 모실 때는 각 신위 앞에서 모두 엎드렸다가 일어난다). 그리고 이 독을 받들어 사당에 모시되 먼저 모셔 내올 때와 같이 한다.

여기서 제사 지낸 음식을 거두어 그릇에 담고 제기를 씻어 간직한다. 이것이 끝나면 준(餕)[16]한다(제물을 나누어 친척과 친구 집에 보낸다. 여기 모인 친척이나 손님 그리고 자제들은 늘어앉아서 술과 안주를 먹고 자리를 파한다).

이것이 끝나면 모두 절한다. 남자는 두 번 절하고 부인들은 네 번 절한다. 이것을 협배(俠拜)라고 하는데 다른 제사에도 전후에 모두 이것을 모방해서 한다.

상고해 보건대, 주자는 집에 거처하는데 토신(土神)[17]에게 제사를 지냈다 한다. 이것은 사시(四時), 즉 춘하추동과 세말(歲末)에 모두 토신에게 제사를 지낸 것이다. 지금은 비록 이 사시의 제사를 모두 지내지는 못하지만 봄과 겨울에 이 예에 따라 시사(時祀)를 지낸다. 이때는 별달리 조촐한 음식을 장만(숟가락과 젓가락은 놓지 않는다)해서 가묘에 행하는 예를 끝내고 나서 토신에

---

16 제사 지내고 난 음식을 말하는데 여기서는 제사 지낸 음식을 나누어 주는 것을 말한다.

17 토지를 맡은 신령

게 제사 지내는 것이 마땅할 것 같다. 이때 강신(降神)·참신(參神)·진찬(進饌)**18**·초헌(初獻)의 절차 등은 모두 가묘에서 행하는 절차와 같다. 다만 그 축사에 이렇게 말한다.

"아무 해 아무 달 아무 삭 아무 날 아무 갑에 무슨 벼슬 아무는 감히 토지의 신에게 고하나이다. 이 중춘을 맞이하여 일 년의 모든 일이 시작되어 일을 태평하게 이루는데 어찌 감히 공경하지 않겠습니까? 술과 안주가 비록 많지는 못하오나 이 성의를 보아 신께서는 돌봐주시고 길이 잘 살게 해 주시옵소서(겨울에 지내는 제사일 때는 그 축사를 고쳐서 '…이 중동을 맞이하여 일 년 일이 끝났으니 이것을 보답하자면…'이라고 한다. 나머지도 모두 같다)." 다음으로 아헌·종헌을 하고 (여기서는 유식과 차를 올리는 절차는 없다) 사신한 다음 끝낸다(토신에게 제사 지낼 곳은 마땅히 집 북쪽 동산 안에 정결한 땅을 골라서 단을 쌓고 행할 것이다).

---

18 음식을 신위 앞에 차려 놓는 것

기제의(忌祭儀)

기제(忌祭)에는 산재(散齋)를 이틀 동안 하고 치재(致齋)를 하루 동안 한다. 그리고 제사 지낼 분 한 분의 자리를 차린다(『가례』에는 제사를 당하는 한 분, 즉 고위나 비위 한 분만 차린다고 했고, 정자는 고위와 비위를 함께 지낸다고 했다). 그릇을 벌여놓고 음식을 갖춘다. 이것은 모두 시제 때의 절차와 같이 한다(다만 과실과 탕은 모두 세 가지에 지나지 않아서 대략 다른 제사와 차등이 있다). 그리고 다만 한 분 몫만 마련한다(만일 고위와 비위를 함께 지낼 때는 두 분 몫을 마련한다).

날이 밝기 전에 일찍 일어나서 나물과 과실과 술과 안주를 차려 놓는다(이것은 모두 시제 때 절차와 같이 한다). 날이 샐 무렵 주인 이하는 모두 옷을 갈아입고 〔부모의 기제사에는 벼슬한 자는 흰

옷에 거무스름한 모자를 쓴다. 또 옥색 단령에 흰 포목으로 싼 각대를 한다. 벼슬하지 않은 자는 흰옷에 갓은 거무스름한 것을 쓴다. 단령은 역시 옥색이요, 흰 띠를 두르고 모두 흰 신을 신는다. 부인들은 흰색 치마저고리를 입는다. 조부 이상의 제사에는 벼슬이 있는 자는 오사모에 옥색 단령을 입고 흰 포목으로 싼 각대를 두른다. 벼슬이 없는 자는 검은 갓에 옥색 단령을 입는다. 또 부인은 검은 저고리에 흰색이나 옥색 치마를 입는다. 방친(傍親)[1]의 제사에는 벼슬이 있는 자는 오사모에 옥색 단령을 입고 검은 각대를 두른다. 또 벼슬이 없는 자는 검은 갓에 옥색 단령을 입고 검은 띠를 두른다. 부인은 오직 화려하게 차린 옷만 입지 않는다. 호(縞)는 흰빛, 흑(黑)은 잡된 빛이다. 또 참(黲)은 검푸른 빛이니 곧 지금의 옥색이다〕 사당에 나아가서 차례대로 서서 두 번 절한다. 절을 마치고 나면 주인이 올라가서 향을 피우고 꿇어앉아 신주에게 고한다.

 "오늘은 아무 어른 아무 벼슬 부군(비일 때에는, 아무 어른 아무 봉 아무 씨)께서 돌아가신 날이옵기에 감히 신주를 정청(正廳)으로 내 모실 것을 청하오며 공손히 추모하는 정성을 펴나이다."
읽기를 마치면 엎드렸다가 일어나서 독을 열고 신주를 받들어

---

1 방계의 친족. 방계란 직계에서 다시 나누어진 혈통을 말함. 즉 형제·백부·숙부·백모·숙모·조카 등

가려 가지고 (만일 고위와 비위를 함께 지낼 때는 독을 받들어) 집사자에게 준다. 주인이 앞에서 인도하고 주부가 뒤를 따른다. 여러 자제들과 며느리·딸들도 차례로 뒤를 따라 정침(正寢)에 이른다. 여기서 신주를 받들어 자리에 모신다. 이 절차가 끝나면 참신·강신·진찬·초헌의 차례로 진행하는데 이 절차는 모두 시제 때와 같다. 다만 그 축사에 말한다.

"세월과 절후가 옮기고 바뀌어 돌아가신 날이 다시 왔사오니 (만일 고위와 비위를 함께 지낼 때는 고위의 제사면 '아무 고 돌아가신 날이 다시 왔사오니' 하고 또 비위의 제사일 때는 '아무 비 돌아가신 날이 다시 왔사오니' 한다) 먼 일을 미루어 생각하오면 길이 사모하는 마음을 이기지 못하옵나이다." 만일 부모의 제사일 때는 "길이 사모하는 마음을 이기지 못하나이다(不勝永慕)"를 고쳐서 "하늘과 같이 끝이 없나이다(昊天罔極)."라고 한다. 또 방친의 제사일 때는 "돌아가신 날이 다시 오니 감동하고 슬픈 마음을 이기지 못하나이다(諱日復臨 不勝感愴)."라고 한다. 부모의 제사일 때는 축문을 읽고 나서 축관이 일어나면 주인과 주인의 형제들은 슬픔을 다해서 곡한다.

다음으로 아헌·종헌·유식·합문·계문(啓門)·진다(進茶)·사신·신주를 사당에 도로 모시는 것, 재물을 거두는 절차 등은 모두 시제 때의 절차와 같다. 다만 기제에서는 조육을 받아먹지 않고 제사 지낸 음식을 나누어 주는 절차도 없다.

이날은 술을 마시지 않고 고기를 먹지 않으며, 음악을 듣지 않고, 옷을 갈아입고, 조용히 있다가 (부모의 제삿날에는 흰 갓에 흰 옷, 흰 띠를 두른다. 방친의 제사에는 다만 화려한 옷만 입지 않는다) 저녁에는 바깥방에서 잔다.

묘제의(墓祭儀)

묘제(墓祭)는 속제(俗制)에 의해서 네 명일(즉 정월 초하루·한식·
단오·추석)에 행한다. 이때는 산재를 이틀 동안 하고 치재를 하루
동안 한다. 다음으로 음식을 갖추어 묘마다 제사 지낼 분의 수
에 따라 차려 놓기를 기제 때 절차대로 한다. 다시 한 분의 음식
을 갖추어 토신에게 제사 지낸다. 날이 밝기 전에 주인 이하 모
두 검은 갓에 흰옷·검은 띠를 두르고 집사자를 거느리고 묘소에
나가 뵙고 두 번 절한다. 묘소의 주변과 안팎을 두루 보아 세 바
퀴를 돌면서 공경스런 마음으로 모든 것을 살핀다. 묘소 주위나
안팎에 만일 풀과 나뭇가지가 있으면 곧 칼과 도끼·호미를 써서
이것을 자르고 뽑고 깎는다. 다음으로 물 뿌리고 깨끗이 쓴 다음
에 다시 제자리로 가서 두 번 절한다. 또 묘소 왼쪽에 땅을 평평

하게 하여 토신에게 제사 지낼 곳을 만든다.

진찬(進饌)·강신·초헌(초헌할 때 숟가락을 메 가운데 꽂고 젓가락을 건다)은 모두 가제(家祭)의 절차와 같다. 다만 축사에 말하기를 "질서가 흐르고 바뀌어 새해가 다시 돌아왔으니 (이것은 정월 초하룻날 읽는 축문이다. 한식이면 '비와 이슬이 내렸으니' 하고, 또 단오 때면 '풀과 나무가 이미 자랐으니' 한다. 또 추석이면 '흰 이슬이 이미 내렸으니' 한다) 두루 산소를 돌아보오니 감동하고 사모함을 아기지 못하나이다" 한다. 다음으로 아헌·종헌〔종헌이 끝난 뒤에 국을 거두고 숙수(熟水)[1]를 올린다〕·사신을 마치고 음식을 거둔다.

다음으로 토신에게 제사 지낸다. 여기서도 진찬·강신·참신·초헌은 모두 위에 말한 절차와 같다. 다만 축사에 말하기를 "아무 벼슬 아무는 감히 토지의 신에게 고하나이다. 아무는 공경스럽게 일 년 일을 닦아 아무 어른 아무 벼슬 부군의 묘소에 바치는 바이오니 오직 때때로 보호하시고 도와주심은 실로 신의 덕택이옵니다. 여기에 감히 술과 음식을 공손히 바치오니 흠향하시옵소서" 한다. 다음으로 아헌·종헌·사신을 마치고 음식을 거두고 물러간다.

삼가 『가례』를 상고해 보건대 묘제는 다만 삼월에 날짜를 가

---

1   제사 때 신위에 올리는 물

려서 행하는 것으로서, 일 년에 한 번 지낼 뿐이라고 했다. 그러나 오늘날 풍속에는 네 명일에 모두 묘제를 행하고 있다. 이것은 풍속을 좇고 또 그 후한 것을 좇고 있는 것이니 역시 해로울 게 없다. 다만 묘제를 사시에 모두 행하면 가묘의 제사와 차별이 없게 되는 것이니 또한 미안한 듯싶다. 그러므로 이 두 가지를 연구해서 정당한 예를 구하려면 마땅히 한식과 추석 두 절후에 많은 음식을 차려 지내는 것이 옳을 것이다. 여기에 축문을 읽고 토신에게 제사 지내는 일들은 모두 한결같이 『가례』에 있는 묘제의 절차와 같이 할 것이다. 정월 초하룻날과 단오의 두 절후에는 간략히 음식을 장만해서 한 번만 잔을 올리고 축문을 읽지 말고, 또 토신에게는 제사를 지내지 말 것이다. 이렇게 하고 보면 옛날 일을 참작하고 오늘날의 일을 살펴보아서 마땅한 일이라 하겠다.

상복중행제의(喪服中行祭儀)[1]

대체로 삼년상 중에는, 옛날 예법에는 사당의 제사를 폐지하게 되어 있었다. 주자가 말하기를, "옛사람은 상중에 있는 동안 최마(衰麻)[2]의 옷을 몸에서 풀지 않고 곡하는 소리가 끊이지 않았다. 이렇게 하여 그 출입하고 집에 거처하는 것이나 말하고 음식을 먹는 것이 모두 평일과 현저히 달랐다. 그 때문에 종묘의 제사를 비록 폐한다 해도 산 사람이나 죽은 사람 양쪽이 모두 미안할 것이 없다. 그러나 지금 사람은 상중에 하는 일이 옛사람과 달라서 이런 일들을 폐하고 있으니 미안한 바가 있을까 두렵도

---

1   초상을 당한 상주가 삼년상 중에 행하는 제사의 절차
2   상복의 이름. 베로 만든 옷

다" 했다. 주자의 말이 이와 같기 때문에 장사 지내기 전에는 예법에 준해서 제사를 폐했다가도 졸곡이 지나면 사시에 지내는 절사(節祀)와 기제(묘제도 역시 같다)에 복(服)이 경한 자를 시켜서 (주자는 상중에 먹칠한 최복을 입고서 사당에 뵈었다. 지금 사람은 속제의 상복으로써 먹칠한 최복을 대신해서 입고서 출입한다. 만약에 복이 경한 자가 없는데 상을 당한 사람이 속제의 상복을 입고서 제사를 행할까 두렵다) 제사를 지내고 음식은 보통 때보다 줄일 것이고, 또 한 번만 술잔을 올리고 축문을 읽지 않고 조육을 받지 않는 것이 옳다.

대공(大功)을 입는 사람은 장사 지낸 뒤에는 마땅히 평시와 같이 제사를 지낸다(다만 수조하는 절차만 없앤다). 또 장사를 지내기 전에는 시제를 폐하는 것이 옳다. 그리고 기제와 묘제는 위에 말한 절차대로 간략히 행한다. 시마복이나 소공을 입은 사람은 성복 전에만 제사를 폐한다(오복[3]은 성복하기 전에는 비록 기제라도 이를 지내지 못한다). 성복 뒤에는 마땅히 평시와 같이 제사를 지낸다(다만 수조하는 절차만 폐지한다). 복 중에 지내는 시사는 마땅히 검은 갓·흰옷·검은 띠로써 행한다.

---

3 참최(斬衰)·재최(齊衰)·대공(大功)·소공(小功)·시마(緦麻)의 다섯 가지 상복

사당(祠堂)

| 증조고(曾祖考) 증조비(曾祖妣) | 조고(祖考) 조비(祖妣) | 고(考) 비(妣) |

향안(香案)

중문(中門)　　　중문(中門)　　　중문(中門)

축판(祝板)　　　　　　　　　잔반(盞盤)

탁자　화로　　　　　　　탁자

서계(西階)　향안(香案)　조계(阼階)

	제모(諸母) 고(姑)		제부(諸父)	
제매(諸妹) 제처	제자(諸姊) 제처 제형(諸兄)	주부	제제(諸弟) 제형(諸兄)	주인
내집사(內執事)	부녀(婦女) 제자(諸子)	장부	제자(諸子) 제제(諸弟)	장자	외집사(外執事)
	부녀(婦女) 제손(諸孫)	장손부	제손(諸孫)	장손	

255

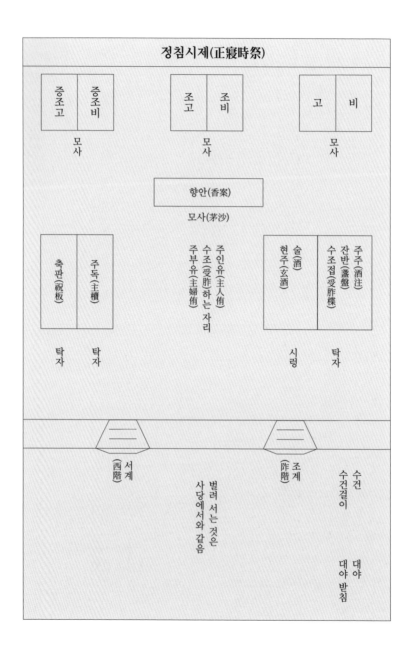

정침시제(正寢時祭)

증조고　증조비
모사

조고　조비
모사

고　비
모사

향안(香案)
모사(茅沙)

축판(祝板)　주독(主櫝)
탁자　탁자

주인유(主人侑)　수조(受胙)하는 자리　주부유(主婦侑)

술(酒)　현주(玄酒)
시렁

주주(酒注)　잔반(盞盤)　수조접(受胙楪)
탁자

서계(西階)

조계(阼階)

벌려 서는 것은 사당에서와 같음

수건걸이　수건

대야받침　대야

256

매위(每位)의 설찬(設饌)

고(考)

비(妣)

시접	밥	술잔	국	초나물
면	고기	구이	생선	떡
탕	탕	탕	탕	탕
포	나물	간장	식해	김치
과실	과실	과실	과실	과실

시접	밥	술잔	국	초나물
면	고기	구이	생선	떡
탕	탕	탕	탕	탕
포	나물	간장	식해	김치
과실	과실	과실	과실	과실

※기제(忌祭)와 묘제(墓祭)에는
과실 세 가지, 탕 세 가지를 씀

율곡 이이 행장기

대현(大賢) 율곡 이이(李珥)는 서기 1536년(중종 31년) 12월 26일 강릉 오죽헌 몽룡실(夢龍室)에서 어머니 신사임당(申師任堂)이 용꿈을 꾼 후 탄생했다.

아명(兒名)을 현룡(見龍)이라 하였고, 3세 때 말과 글을 배웠으며, 7세 때는 『진복창전(陳復昌傳)』을, 8세 때는 「화석정시(花石亭詩)」를 지었으며, 10세 때 경포대에 올라 장문의 「경포대부(鏡浦臺賦)」를 쓴 신동으로 세상 사람들을 경탄시켰다. 13세 때는 어린 나이로 팔을 찔러 아버지 원수공(元秀公)의 중병을 회춘케 한 효자이기도 했다.

16세 때 모친상을 당하여 비관한 나머지 3년간 사임당 묘전에 시묘한 후 봉은사(奉恩寺)에 입산, 불서를 탐독한 후, 뜻한 바 있어 다시 금강산에서 수도, 1년 만에 불교 철학에 통달했다.

20세 때 강릉 오죽헌으로 돌아와 「자경문(自警文)」을 지어 실천하였는데, 13세 때 진사 초시에 장원급제한 것을 비롯하여 아홉 번이나 대소 과거에 모두 장원급제하여 구도장원공(九度壯元公)으로 유명했다.

29세 때 호조좌랑을 초임으로 매년 승진하여 외직으로는 청주 목사, 황해도 관찰사, 내직으로는 교리, 승지, 부제학, 대사헌, 대제학, 사조판서(이·호·병·형)를 두루 역임했다.

이이는 학문과 입신의 도를 배우는 데 어머니 사임당 외에는 사사를 한 바 없고, 독학과 수도로써 심오한 학문의 경지에 이르렀으며, 저서에서도 정치·경제·교육 등 다방면에 걸쳐서 애국 애족의 방향을 제시했다.

『동호문답(東湖問答)』·『성학집요(聖學輯要)』·『인심도심설(人心道心說)』·『성리학설(性理學說)』·『경연일기(經筵日記)』·『김시습전(金時習傳)』·『시문집(詩文集)』·『소학집주(小學集註)』 등은 이이의 명저다.

이이의 정치사상은 민본주의이며 혁신주의로서 삼대 정경정책을 주장하였고, 시무육조계·양병십만론·경제사 설치 등의 정책을 주장했다. 또한 향약 규례를 제정하여 지방 자치제를 장려하였고 사창(社倉) 제도를 만들어 빈민을 구제하기도 했다.

정계를 떠난 후에는 고산구곡(高山九曲)에 은병정사(隱屛精舍)를 세워 제자들을 가르치고, 학도들의 나아갈 지침인 『격몽요결』과 『학교모범(學校模範)』을 저술하였으며, 와병 중에 저술한 『육조방략(六條方略)』을 최후로 남기고 서기 1584년 1월 16일에 49세로 별세했다.

이이는 교육 지상주의를 부르짖은 교육가이며 저술가인 동시에 구국제민을 위해 몸소 실천한 위대한 정치가요 철학가이며 애국자로서, 세월이 흘러도 영원한 사표로 기억될 것이다.

서기 1624년(인조 2년)에 문성(文成)이라는 시호를 내리고 문묘에 제사 지내게 되었다.

연보

1536	음력 12월 26일, 강릉 북평촌(北坪村·현 竹軒洞)의 외가 몽룡실에서 탄생.
1538(3세)	말과 글을 배움.
1541(6세)	어머니와 함께 서울 수진방(壽進坊·현 淸進洞)에 있는 집으로 감.
1542(7세)	『진복창전(陳復昌傳)』을 지음.
1543(8세)	「화석정시(花石亭詩)」를 지음.
1545(10세)	「경포대부(鏡浦臺賦)」를 지음.
1548(13세)	진사 초시에 장원급제.
1551(16세)	어머니 신사임당 별세. 「선비행장(先妣行狀)」을 지음.
1554(19세)	어머니 묘소에서 시묘 3년을 마치고 금강산에 입산.
1555(20세)	강릉으로 돌아와 「자경문(自警文)」을 지음.
1556(21세)	한성시(漢城試)에 장원급제.
1557(22세)	성주 목사 노경린(盧慶麟)의 딸, 곡산 노씨와 결혼.
1558(23세)	안동 도산에 가서 퇴계 이황 선생 만남. 별시(別試)에 장원급제.
1561(26세)	부친 이원수(李元秀) 공 별세.

1564(29세)	생원 진사 급제. 명경과(明經科)에 급제. 호조좌랑으로 첫 벼슬길에 나아감.
1565(30세)	(명종 20년) 예조좌랑.
1566(31세)	(명종 21년) 사간원정언.
1568(33세)	(선조 원년) 사헌부지평·성균관직강·홍문관부교리·이조좌랑. 외할머니 병환으로 관직을 사퇴하고 강릉에 감.
1569(34세)	(선조 2년) 교리. 『동호문답(東湖問答)』을 지음. 시무구사(時務九事) 상소. 외할머니 별세(90세).
1570(35세)	(선조 3년) 교리, 신병으로 사퇴. 해주로 감.
1571(36세)	(선조 4년) 교리, 홍문관부응교, 이조정랑. 해주 고산 석담을 구경하고 은거할 계획 세움.
1572(37세)	(선조 5년) 원접사종사관·사간원사관·홍문관응교·홍문관전한 등을 모두 사퇴.
1573(38세)	(선조 6년) 직제학.
1574(39세)	(선조 7년) 우부승지. 「만언봉사(萬言封事)」를 지어 올림. 병조참지·사간원대사간에 임명. 황해도 관찰사. 장남 경림(景臨) 탄생.
1575(40세)	(선조 8년) 홍문관부제학. 『성학집요(聖學輯要)』를 지음.
1576(41세)	(선조 9년) 해주 석담에 청계당(聽溪堂)을 지음.
1577(42세)	(선조 10년) 『격몽요결』을 지음. 향약을 만들어 고을의 폐습을 바로잡음. 사창제도 실시로 빈민 구제에 힘씀.
1578(43세)	(선조 11년) 은병정사(隱屏精舍)를 지음. '고산구곡가(高山九曲歌)' 지음. 대사간에 임명됨. 「만언소(萬言疏)」를 지어 올림.

1579(44세)   (선조 12년) 『소학집주(小學集註)』를 지음. 차남 경정(景鼎) 탄
              생.

1580(45세)   (선조 13년) 『기자실기(箕子實記)』를 지음. 대사간에 임명됨.

1581(46세)   (선조 14년) 가선대부 사헌부대사헌으로 승진. 호조판서에 오
              름. 홍문관·예문관대제학. 『경연일기(經筵日記)』를 지음.

1582(47세)   (선조 15년) 이조판서. 『인심도심설(人心道心說)』·『김시습전
              (金時習傳)』·『학교모범(學校模範)』을 지음. 형조판서에 임명
              됨. 「만언소」를 올림. 원접사에 임명됨. 병조판서에 임명됨.

1583(48세)   (선조 16년) 「시무육조(時務六條)」를 지어 올림. 「시폐봉사(時
              弊封事)」를 올림. 이조판서. 양병십만(養兵十萬) 주장.

1584(49세)   (선조 17년) 1월 16일 서울 대사동(大寺洞) 집에서 별세. 『육조
              방략(六條方略)』을 최후로 저술. 파주(坡州) 자운산(紫雲山)에
              장사.

1624(사후 40년) (인조2년) 문성(文成)이라 시호함.